子どもの「才脳」を最大限に伸ばす
「自己肯定感」を高める子育て

ダニエル・J・シーゲル
ティナ・ペイン・ブライソン
桐谷知未 訳

THE YES BRAIN
The Yes Brain: How to Cultivate Courage, Curiosity, and Resilience in Your Child

大和書房

THE YES BRAIN
HOW TO CULTIVATE COURAGE,CURIOSITY,AND RESILIENCE IN YOUR CHILD
by Daniel J. Siegel, M.D. & Tina Payne Bryson, Ph.D.

This translation published by arrangement with Bantam Books, an important of Random House,
a division of Penguin Random House LLC
Through Japan Uni Agency, Inc., Tokyo

自己肯定感を持って人生に取り組む方法を教えてくれるすばらしい師、
アレックスとマディーに。

——DJS

ベン、ルーク、JPに。大好きな子どもたち、
あなたたちが世界にもたらす光には驚かされます。

——TPB

嵐なんて怖くない。どうやって船を操ればいいか、学んでいるから。

——ルイザ・メイ・オルコット

『若草物語』

はじめに――科学に裏打ちされた「自己肯定感」をはぐくむ方法とは？

「子どものために望んでいることが、たくさんありすぎるんです――。幸せ、精神的な強さ、優秀な成績、人とじょうずにつき合うスキル、しっかりした自我、ほかにもたくさん。どこから始めたらいいのかも、よくわかりません。生きがいのある幸せな人生を送れるようにしてあげるには、どんな〝性質〟を集中的に伸ばしてやるのが、いちばん大切ですか？」

わたしたちは行く先々で、このような質問を受ける。子どもには、とにかく幸せになってほしい。まわりの人を思いやりながら、はっきり自分を主張する方法も学んでほしい。独立心を身につけながら、お互いに実りの多い人間関係もつくってほしい。ものごとが思いどおりに行かないとき、かんしゃくを起こさずにいてほしい……。

ふう！　なかなか長いリストだし、親としてのわたしたちに大きな負担がかかることもある。

それなら、どこに集中すればいいのだろう？

この本は、その質問に対するわたしたちの答えだ。

親の手助けがあれば、子どもの脳は、いくらでもよい方向に「変えられる」。そこで何より必要になるのが「**自己肯定感**」だ。なぜならそこから、幸せのカギとなる4つの資質がつくられるから――。

子どもの人生に絶対必要な4つの資質

キレない力――感情とふるまいのバランスをうまく取る能力。これがあれば、かんしゃくを起こして抑えがきかなくなることが減る

立ち直る力――生きていくうえで避けられない問題や困難にぶつかっても、すばやく回復する能力

自分の心を見る力――自分の心のなかを見つめて理解してから、学んだことを生かしてよい判断をし、自分の人生をしっかり管理する能力

共感する力――ほかの人の考えかたを理解してから、思いやりを持ってそのときにふさわしい行動を取る能力

本書では、「自己肯定感」とはどういうものかを説明しながら、子どものなかにこの4つの力をはぐくみ、生きていくうえでの重要なスキルを教える実践的な方法について、お話ししよう。

子どもはきっとあなたの手助けで、感情のバランスを整えてキレない力を身につけ、目の前の困難からすばやく立ち直る力を発揮し、自分の心のなかを見て自分を理解する力を磨き、まわりの人たちを思いやって共感できるようになる。

科学に裏打ちされたこの方法をご紹介できることに、わたしたちは心の底からわくわくしている。どうぞごいっしょに、「自己肯定感」を学ぶ旅を楽しんでほしい。

ダン&ティナ

『「自己肯定感」を高める子育て』Contents

序章

子どもに「自己肯定感」が必要な理由

子どもが〝自分らしく〟生きるために

「自己肯定感」をはぐくむ子育て

これは、子どもがまっすぐ世界と向き合うための本だ。新しい挑戦や新しい機会、今の自分と将来なりたい自分に近づくために必要な、**「自己肯定感」**を育てるための本だ。

あなたが著者のダンの講演を聞いたことがあるなら、こういうエクサ サイズに参加したかもしれない。ダンがあることばを繰り返すあいだ、目を閉じて体と気持ちの反応に注意を払う練習だ。

ダンはまず、少しきびしく何度も「NO」と言う。それを7回繰り返してから、次にもっと優しい調子で何度も「YES」と言う。それから、目をあけて、どんな感じがしたかを説明してもらう。参加者たちは、エクサ サイズの「NO」の部分では、不愉快で、身構えた気分になったが、「YES」と繰り返されたときには、穏やかで、軽い気分を感じたと報告する。参加者たちの呼吸と心拍数は落ち着き、前向きな気持ちになった。

この2つの反応を見れば、これから本書でお話しする2つの脳の状態をイメージできるだろう。

わたしたちの脳は、**「プラス脳」**のときと、**「マイナス脳」**のときがある。

マイナス脳のときに、まわりの人とかかわると、過剰な反応をしやすくなる。人の話に耳を傾けてきちんとものごとを判断し、通じ合うことがほとんどできない。「生存」と「自衛」にばかり集中して、脳の神経系が、とっさに「闘争・逃走・硬直・失神反応」を起こし始める。闘争は襲いかかること、逃走は逃げること、硬直は一時的に動けなくなること、失神は虚脱《きょだつ》状態になってすっかり無力に感じることだ。脅威と向き合ったとき、とっさにこの反応4つのうちどれかが起これば、ものごとに柔軟に対応できなくなる。

プラス脳は、その反対だ。まわりの人の話に耳を傾けて、きちんと判断し、ものごとを受け入れることができる。人との、さらには自分の内面の経験とのつながりをつくる神経回路を、科学者は「人づき合いのシステム」と呼ぶ。受け入れる力と活発な人づき合いのシステムがあれば、自己肯定感は高まる。

この自己肯定感を、子どものなかに育てたい。

そうすれば、困難や新しい経験を、身がすくむような壁としてではなく、単に向き合って乗り越え、学ぶための挑戦として見られるようになる。子どもが自己肯定感を持てば、好奇心はどんどん高まり、想像力が豊かになり、間違えることを心配しなくなる。

さらに、頑固さや強情さが和らぐので、周囲の人とよい関係が築けるようになり、逆境にあっても順応性と回復力を発揮できる。

自分を理解して、自分の決めたことと、まわりの人への接しかたを方向づける心の羅針盤を持てる。感情的に落ち着いた場所から世界にまっすぐ向き合い、たとえ思いどおりにいかない状況でも、人生が差し出すすべてを受け入れられる。

「プラス脳」になると……

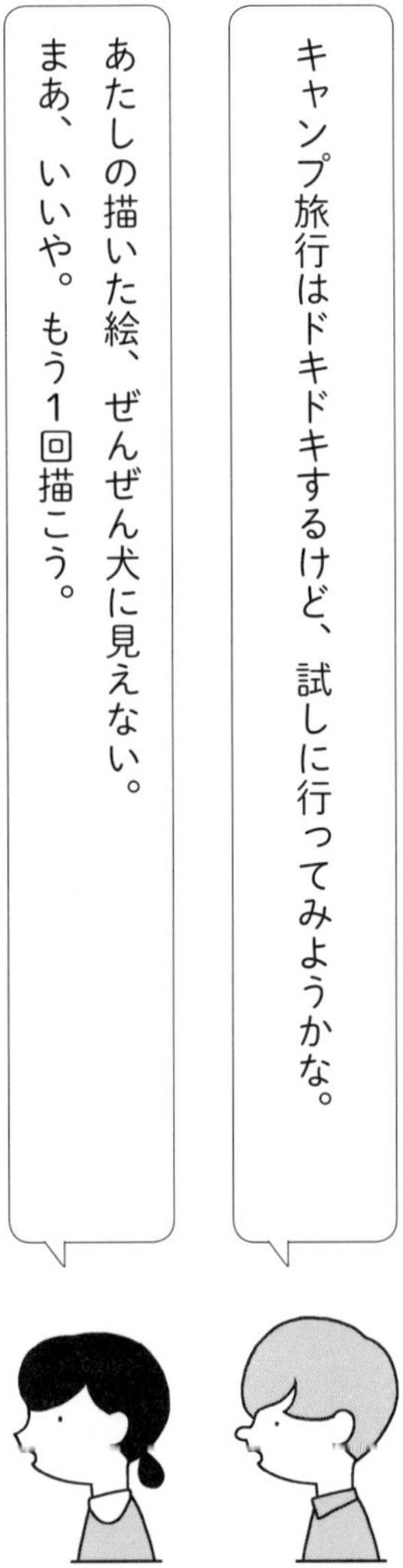
キャンプ旅行はドキドキするけど、試しに行ってみようかな。
あたしの描いた絵、ぜんぜん犬に見えない。まあ、いいや。もう1回描こう。

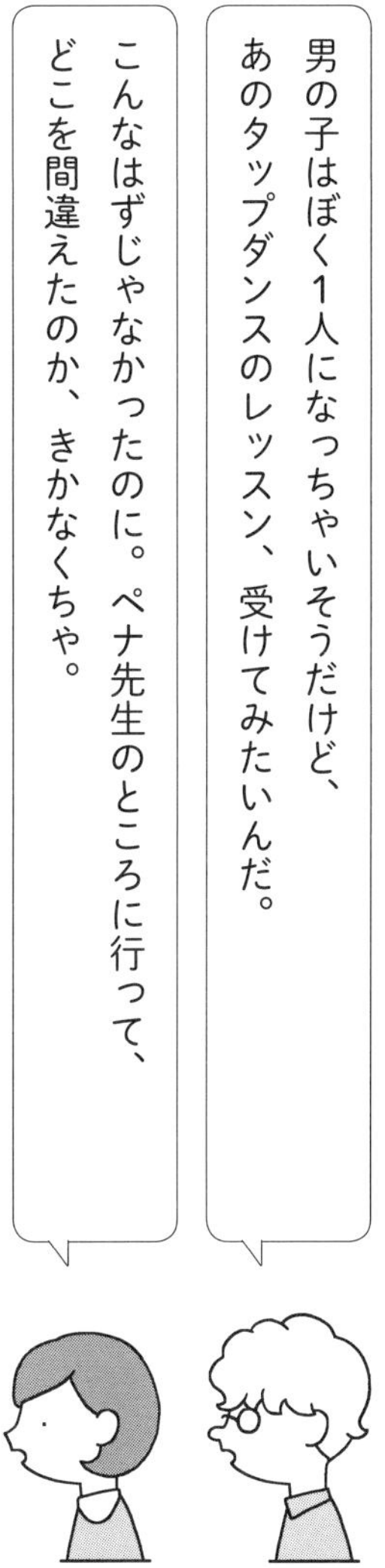
男の子はぼく1人になっちゃいそうだけど、あのタップダンスのレッスン、受けてみたいんだ。
こんなはずじゃなかったのに。ペナ先生のところに行って、どこを間違えたのか、きかなくちゃ。

子どもの「自己肯定感」を育てる親子の会話

本書でまず始めに伝えたいのは、わくわくするようなメッセージだ。あなたは子どもに、こういう柔軟性、受け入れる力、立ち直る力、つまり、精神力を与えられる。その方法は、勇気と好奇心についての連続講義に出席させるとか、互いの目を見つめながら長く真剣な会話をたくさんするとか、ではない。

必要なのは、毎日の子どもとのやりとりだけだ。

これから解説する自己肯定感の原則を頭に入れておくだけで、たとえば学校に送っていくとき、夕食をとっているとき、いっしょに遊んでいるとき、あるいは言い争っているときでさえ、子どもがいろいろな状況に対応し、まわりの人たちとかかわる方法に影響を与えられる。

自己肯定感は、子どもが安心と熱意を感じながら世界と接し、人生の困難を乗り切るための心のありかたとも言える。プラス脳は、脳が特定の方法で働いたときに生まれる神経の状態でもあるので、脳の発達についていくつかの基本的なことを理解すれば、子どもの自己肯定感をはぐくむための環境を整えられる。

「マイナス脳」で攻撃的になる子の特徴

プラス脳の状態は、前頭前野と呼ばれる特別な脳の部位の神経活動でつくられる。前頭前野は、多くの部位を互いにつないで、好奇心や立ち直る力、思いやり、自分の心を見る力、偏見のない心、問題を解決する力、さらには道徳までを身につけさせる領域だ。子どもは成長するにつれて、徐々にこの部分の機能をうまく働かせる方法を学ぶ。すると子どもは、自分の感情と体をうまくコントロールしながら、より注意深く内面の衝動に耳を傾け、より自分らしく生きられる。それがわたしたちの言う、自己肯定感のありかただ。

それに対してマイナス脳は、もっと原始的な脳の領域が活発になった状態だ。

自分に自信が持てないこの状態は、脅威に向き合ったり、差し迫った攻撃に備えたりするときの反応だ。だから、ひどく反応しやすい状態になり、自衛の気持ちから、「**間違えるかもしれない**」とか、「好奇心が何か厄介ごとにつながるかもしれない」とか心配する。この状態は周囲への攻撃につながり、新しい知識を押しのけたり、人からのアドバイスをはねつけたりすることもある。攻撃と拒絶は、マイナス脳が世界に対処する2つの方法だ。その世界観は、頑固さ、不安、競争、脅威でできているので、むずかしい状況に対処して、自分やまわりの人をきちんと理解することができなくなってしまう。

マイナス脳で世界と向き合う子どもは、自分の状況と感情に振り回される。感情にとらわれて、うまく心を切り替えられず、それに対応する健全な方法を見つけるかわりに、現状に不平を言う。新しいことに向き合ったり、間違えたりすることを異常なほど心配しがちになる。たいていは頑固さが、マイナス脳の状態にある子の行動を支配している。

家のなかで、これと似たような状況が起こっていないだろうか?

子どもがいるなら、たぶん起こっているだろう。じつを言えば、誰でもマイナス脳になることはある。子どもだけでなく大人も同じようにときどき頑固になり、とっさに反応するのを、完全には避けられない。けれども、それを理解することはできる。そうすれば、子どもがマイナス脳になってしまったとき、なるべく早くもとに戻してやる方法を学べる。

もっと重要なのは、**子どもが自力で戻るためのツールを与えることだ。**幼い子どもは、大人よりマイナス脳になることが多いだろう。3歳児なら、常にその状態ばかりのように思えるのがふつうで、それは発育上適切なことだ。

たとえば、水を張った流し台にハーモニカを投げ込んだのは自分なのに、濡れてしまったことにキレて大泣きする。しかし、時間をかければ、自分で気持ちを整えて、困難から立ち直り、経験したことを理解して、まわりの人を思いやる能力を伸ばしてやれる。**すると子どもの自己肯定感はどんどん高まっていく。**

「マイナス脳」になると……

まだベッドには入りたくないよ！
あの子たちはわたしと遊びたがってるかもしれないけど、縄跳びじゃなくちゃいや！

スケートは苦手なんだもの。みんなには、具合がよくないって言っておこう。

あーあ！　これじゃだめだ。ひと晩中寝ないで、完璧になるまで何度もやるぞ。

もう、きょうだいげんかや口答えに悩まされない！

ここで少しのあいだ、考えてみてほしい。もし子どもが、きょうだいげんか、スマートフォンやゲームの使いすぎ、口答え、宿題との格闘、就寝時刻をめぐるゴタゴタなどの毎日の状況に、マイナス脳でとっさに反応することなく、プラス脳でじょうずに対応できるようになったら、家庭生活はどう変わるだろう？

もし子どもが頑固さと強情さを和らげて、思いどおりにいかないときも自分をうまく抑えられたら、何が変わるだろう？

新しい経験を恐れないで歓迎できるようになったら？

自分の感情をよく理解して、まわりの人たちにもっと思いやりと共感を見せられるようになったら、子どもはどれほど幸せになるだろう？

家族全員がどれほど幸せで穏やかになるだろう？

この本には、それを、すべて実現する方法が書かれている。子どもが広い心で世界とかかわり合い、しっかりと自分らしく生きるための空間、機会、ツールを与えて、自己肯定感を伸ばす方法だ。

その方法を使って、子どもの精神力と回復力をはぐくむ手助けをしよう。

自己肯定感を育てるとは、子どもの言いなりになっていつもいつも「いいよ」と言うことではない。

「プラス脳」は親から子に贈る人生最高のプレゼント

「自己肯定感」を育てる＝「甘やかす」ではない

初めに、自己肯定感について、はっきりさせておこう。

自己肯定感の育成とは、子どもにいつも「いいよ」と言うことではない。甘やかしたり、言いなりになったり、困難な状況から救ったりすることではない。自分の頭で考えずに機械的に親の言いつけを聞く従順な子どもを育てることでもない。

それよりも、自分がこれからどんな人間になっていくのか子どもに気づかせ、つながりと意義にあふれた人生を選べるようにしてやることが重要になる。特に、第1章と第2章では、失敗とつまずきが人生につきものであると子どもに理解させること、そして子どもがその教訓を得たときに支えてやる大切さについてお話しする。

つまり、プラス脳と自己肯定感を持ったからといって、いつも幸せで、負の感情がなくなるわけではない。それは人生の目的でもなければ、可能なことでもない。けれども自己肯定感があれば、地に足がついていると感じ、自分を理解して、柔軟に学んで順応し、目的意識を持って生きられる。困難な状況に耐えるだけでなく、より強く賢く切り抜けられる。そうやって、人生の意義を見出せるようになる。プラス脳を持つとは、多くの人とつながりのある人生を送り、自分がどんな人間かを知るということだ。

また、子どもがマイナス脳モードからプラス脳モードに戻るスキルを学べば、立ち直る力の重要なツールを得たことになる。古代ギリシャには、意義とつながりと穏やかな満足からなる幸福を表す「エウダイモニア（eudaimonia）」ということばがあった。

それは親から子への、もっとも力強く長持ちする贈り物の1つだ。成長を見守りながら、しっかり支えてスキルを育ててやれば、子どものために、充実した人生を送る準備を整えてやれる。

勉強に追い詰められる生活に「うんざり」する子どもたち

事実を認めよう。さまざまな意味で、子どもはマイナス脳の世界で成長する。ふだんの学校生活を考えてみても、規則や規定、全国共通テスト、機械的な暗記、型にはまった勉強法でいっぱいだ。ふう！

子どもの起きている時間のどれほど多くが、マイナス脳を使う作業や活動に費やされているか……！

そして子どもたちは年に9カ月、週に5日、1日6時間、それに対処しなくてはならない。もう、うんざり。

そのうえ、多くの親が子どもに課している〝教養豊か〟になるための習いごと、塾、部活でぎっしり詰まったスケジュール。子どもは夜更かしして睡眠時間を削っている。〝教養豊か〟になるために忙しいので、日中は宿題ができないからだ。これに加えて、テレビゲームやスマートフォンなどのデジタルメディアが昼も夜も子どもの注意を引いて、つかの間の快楽、ギリシャ人の言う「ヘドニア（hedonia）」を与えている。それよりも意義とつながりと落ち着きのある末永い、「本当の幸せ」エウダイモニアにつながる自己肯定感を高めることが現代では特に重要だと気づかされる。

気を散らすデジタル製品と忙しいスケジュールは、プラス脳の働きを妨げることが多い。いくつかは、豊かな経験を差し出してくれるかもしれないし、いくつかは必要悪かもしれない。もちろん子どもは、日課をこなしたり、日程に従ったり、必ずしも楽しくはない作業をやり遂げたりすることを学ぶ必要がある。本書のなかでも、その考えを支持するくだりは何度も出てくるだろう。

しかし、子どもの時間の多くがマイナス脳を使う活動に費やされていることを考えると、家庭は常に、プラス脳、つまり自己肯定感が強調され、優先される場所にしたい。

少し肩の力を抜くくらいが、ちょうどいい

自己肯定感の育成について、もう1つ挙げておこう。子どもが完璧にならなくていいのと同じく、あなたも完璧にならなくていい。むしろ、少し肩の力を抜いてほしい。自分を少し大目に見てあげよう。できるだけ子どもの感情に寄り添いながら、発達を促し、その道のりで支えてあげればいい。

著者の本、『しあわせ育児の脳科学』と『子どもの脳を伸ばす「しつけ」』をご存じなら、本書がこれまでの続きをさらに広げて語っていることに、すぐに気づくだろう。この3冊はすべて、子どもの脳と人生が、親の接しかた、手本の示しかた、関係の築きかたなど、さまざまな経験によって大きな影響を受けるという確信を柱にしている。

本書では、さらに一歩踏み込んで、これらのコンセプトを、世界とのかかわりで子どもにどんな経験をしてほしいのかという問いに当てはめてみる。以降の章では、1人ひとりの子どもの自己肯定感について考え、それをはぐくむ新しい方法を伝えたい。

これから、脳に関する最先端の科学と研究を紹介し、その情報を子どもとの関係に応用してお伝えしよう。この本で教えることの一部は、親としての考えかたを変えるかもしれ

ないし、一部は確かに少し練習を必要とするだろう。

しかし、子どもの成長と親子関係をよりよくするために、きょうから始められることもたくさんある。

単にプラス脳が導く自己肯定感のいくつかの基本を理解するだけで、親として日々向き合っている試練、たとえばかんしゃく、スマートフォンを見ていい時間や就寝時刻をめぐるゴタゴタ、失敗や新しい経験への恐怖、宿題との苦闘、凝り固まった完全主義、頑固さ、きょうだいげんかなどを乗り切るのに役立つうえに、豊かな意義深い人生につながるスキルを育てるのにも役立つ。

ところで、本書では親という表現を使っているが、ここでお話しすることはすべて、子どもたちを生涯にわたって愛し慈しむすべての人を対象にしている。祖父母、教師、セラピスト、コーチ、その他、本当にたくさんの大人たちが、子どもを生涯にわたって愛し導き、自己肯定感の基本を教えるために協力してくれていることに感謝したい。

科学で幸せを手に入れる？脳に関する最新の研究結果

幸せのカギはやはり「脳」に！

これから解説することは、脳についての最新の研究に基づいている。

本書では、「対人神経生物学（ＩＰＮＢ）」という、世界中の研究を利用した多くの専門分野にわたる学問を通して、子育ての問題を見ていく。

著者のダンは、Ｗ・Ｗ・ノートン＆カンパニー社の対人神経生物学シリーズの創刊編集者を務めている。何万本もの科学的な参考文献に基づく専門書なので、もしあなたがわたしたちと同じようなマニアで、理論の裏にある筋金入りの科学を勉強したいなら、そのシリーズに当たってみるのがいちばんいいだろう。けれども、すぐさま子どもとの関係に役立つＩＰＮＢの基本を理解するのに、神経生物学者になる必要はない。

対人神経生物学の柱は、文字どおり、対人関係から見た神経生物学だ。簡単に言うと、

ＩＰＮＢは、人の心、脳、対人関係がどのように互いに作用して、人をつくり上げているかを調べる。

おそらく、ＩＰＮＢを導くおもなコンセプトは「統合」だろう。統合とは、自分の頭のなかで別々の部分が調和し、一体となって働いている状態のことだ。脳は、それぞれが異なる機能を持つ多くの部分でできている。左脳と右脳、高い位置にある部分と低い位置にある部分、感覚ニューロン（神経細胞）、記憶中枢、そして言語や感情、運動制御などの機能を担うさまざまな回路、その他たくさん。

脳のこういう異なる部分には、独自の任務、独自の仕事がある。それらがチームとしてともに働くと、脳は統合され、それぞれが単独で働くよりも多くのことを、ずっと効果的にできる。だからこそわたしたちは長年、脳全体を成長させる子育てについて何度も語ってきた。

脳の異なる部位が、構造的にも（ニューロンによって物理的につながるという意味で）、機能的にも（それらがともに働いて機能するという意味で）しっかりつながるようにして、子どもが脳全体を発達させ、統合させる手助けをしたいからだ。構造的かつ機能的な統合は、人が生きるうえでの幸福のカギとなる。

1200人の脳を分析したプロジェクトが発見した脳と幸せの関係

ごく最近の神経科学研究は、統合された脳の重要性を裏づけている。ヒト・コネクトーム・プロジェクト（人間の神経回路全体の地図をつくる計画）について、あなたも聞いたことがあるかもしれない。ヒトの脳の大規模な研究を行うため、生物学者、医者、コンピューター科学者、物理学者を集めた、国立衛生研究所が後援するプロジェクトだ。

1200例以上の健康なヒトの脳を調べたこの研究は、本書で語っていることに深く関連している。

人が望むあらゆる前向きな目標――幸せ、肉体と精神の健康、学業と仕事の成功、満足のいく人間関係――をいちばん得やすいのは、脳が統合されている場合で、コネクトームがどのくらい相互に連結していたか、つまり脳の異なる部分が、どのくらいよく互いとつながっているかに関係がある。

つまり、**もし子どもに幸せな人生を送ってほしいなら、脳を統合する後押しをすることが、何よりも重要となる。**わたしたちは、その実践的な方法についてたくさん書いてきたし、本書の大半もそれを扱っている。親として、あなたは愛する子どもに、脳の重要なつながりをつくる経験をさせてやれる。

もし子どもに幸せな人生を送ってほしいなら、脳を統合する後押しをすることが何よりも重要となる。

子どもは1人ひとり違うから、あらゆる状況に対処できる「魔法の解決策」はないが、親の努力しだいで、子どもの生活のなかに、脳の異なる部位に構造的かつ機能的なつながりをつくるための空間を設けることができる。

もう感情に振り回されない！　プラス脳がもたらす5つの効果

プラス脳とは、脳の機能が統合した状態のことだ。子どもとのやりとりでプラス脳を育ててあげれば、自己肯定感の高い、もっと統合した脳に成長する。

なぜ統合がそんなに大切なのかを理解するのは簡単だ。統合した脳の特徴は、次の5つのことばで説明できる。

①柔軟性
②適応性
③一貫性
④活力
⑤安定性

相互につながり統合した脳は、より柔軟性、適応性、一貫性、活力、安定性がある。だから、統合した脳を持つ子どもは、思いどおりにいかないことがあっても、感情に振り回されることなく、自分とうまくつき合える。さまざまな状況や試練にどう対応するかを、自分で決められる。

こうやって子どもは、自分自身の目的と意欲を持って、自己認識と、自分を導く心の羅針盤を育てる。それがプラス脳のものの見かただ。

脳は、いくつになっても「変わり続ける」ことができる

子どもの脳を高度の統合へ導けるおもな理由の1つは、脳が「可塑性《かそ》」を持つから、つまり、経験に基づいて変わることができるからだ。

これは「神経の可塑性」として知られている。

生涯を通じて変わるのは、人間の心や考えかただけではないのだ。神経の可塑性には、それよりはるかに大きな可能性がある。脳の実際の物理的な構造が、新しい情報に合わせて組み立て直され、注意を向けたものすべて、経験ややりとりのなかで強調したことすべてが、脳に新しいつながりをつくる。注意が向く場所で、ニューロンは発火し、ニューロンが発火する場所で、脳はつながりをつくる。

子どもの脳を発達させる親の習慣、しぼませる親の習慣

神経の可塑性は、子どもにどんな経験をさせてやるべきかという、親にとって興味深い疑問を投げかける。子どもの経験について考え、子どもの若い脳にどんなつながりをつくってやるべきか考えることがとても大切だ。

プラス脳の状態なら、注意が向く場所でニューロンが発火し、建設的な形で接続して脳を変化させ統合させる。たとえば、子どもに本を読んであげるとき、

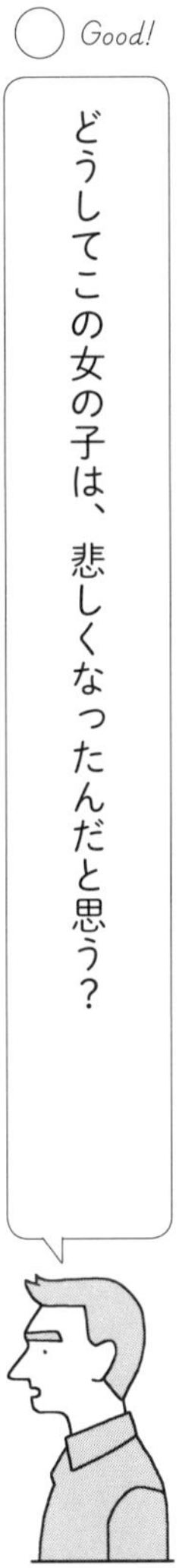
Good!
どうしてこの女の子は、悲しくなったんだと思う？

ときけば、その感情に注意を向けさせるだけで、脳に共感と人づき合いの回路を強化する機会が与えられる。

あるいは、冗談やなぞなぞを言えば、ユーモアや論理に注意を向けさせ、子ども自身のそういう面を育てられる。

逆に、親や教師、コーチ、ほかの誰かが子どもをひどい恥や過度な批判にさらせば、自

親は、子どもが遊んだり好奇心を持って探索したりする自由時間を軽視しがちだが、それは絶対だめだ。

我に影響するマイナス脳の神経経路がつくられ、脳は統合された形では育たなくなる。

どちらを選ぶかはあなたしだいだ。プラス脳かマイナス脳か？　庭師が熊手を、医者が聴診器を使うように、親は注意というツールを使って、統合に向けた子どもの成長を導くことができる。

同様に、**子どもの発達にかかわる、脳のどこかの部分を無視すれば、そこがじゅうぶんに発達せず、しぼんで枯れてしまうことさえある。**つまり、もし子どもがある種の経験をしない、またはある種の情報に注意を向けたことがないと、特に思春期を過ごすあいだ、そういうスキルが使えなくなる。

たとえば、寛大さや献身について聞いたことがないと、そういう機能を担う脳の部分がしっかり発達できない。遊んだり好奇心を持って探索したりする自由時間を与えられなくても、同じことが起こる。そういうニューロンが発火せず、成長につながる必要な統合も起こらなくなる。

スキルの一部は、年齢を重ねてからも気力と努力で得られるかもしれないが、**大きく成長できる幼少期と思春期に、脳を発達させる経験をするのがいちばんいい。**本書で何度も説明するとおり、あなたが注意を向けることと向けないことは、子どもがどんな人間になるかに影響する。

気質やさまざまな生まれつきの違いなどの要素も、脳の機能と構造を発達させるのにとても重要だ。遺伝子はそれぞれの子どもの脳、そして行動を形づくるうえで大きな役割を果たす。

しかし、たとえ制御できない生まれつきの違いがあっても、それぞれの子どもに合わせて必要な種類の経験を見つけ、その気質に適した形で注意を向けさせてやることが、さらに脳の成長を促す重要な方法になる。経験は、脳のつながりを育てる。幼少期も、思春期も、大人になってからもずっと！

子どもの「自己肯定感」をはぐくむ4つの力

「自己肯定感」の高い人生に必要なのは「2階の脳」

もし著者の本を読んだことがあるなら、わたしたちが「2階の脳」と呼ぶものの発達について多くのページを割いていることを知っているだろう。

脳は並外れて複雑なので、このコンセプトを簡単に説明する方法として、わたしたちはよく子どもの発育中の脳を、建設中の2階建ての家にたとえる。

1階は、脳のかなり原始的な部分――脳幹と大脳辺縁系――で、鼻柱あたりから首の上端までの脳の低い位置にある。

著者が「1階の脳」と呼ぶこの部分は、強い感情や本能、消化や呼吸などの基本機能を含む、もっとも基礎的な神経・精神活動のほとんどをつかさどっている。1階の脳は、本人が気づきさえしないうちに、とてもすばやく作動する。この部分は、なんらかの状況にとっさに反応させたり、考える前に行動させたりすることが多い。1階は、こういう本能的で低次元の、しばしば反射的な過程が起こる場所だからだ。

生まれたとき、脳の1階部分はかなりよく発達している。しかしもっと複雑な思考や感情、人づき合いのスキルなどをつかさどっている2階の脳は、まだ建設中だ。

この部分は、脳のもっとも外側の層である大脳皮質からなっていて、額の真後ろにあり、後頭部まで延びて、半ドームのように下の1階の脳をおおっている。

人は2階の脳のおかげで、前もって計画したり、未来を想像したり、むずかしい問題を解いたり、ほかにも実行機能にかかわる複雑な認識活動を行ったりできる。日々の意識のなかで経験することの大半は、2階の脳の高度な精神機能の結果だ。

そしてこの2階の脳は、時間をかけて発達する。**じつは、20代半ばになるまで、2階の脳の建設は完了しない。**

子どもの脳は「2階建ての家」だと考える

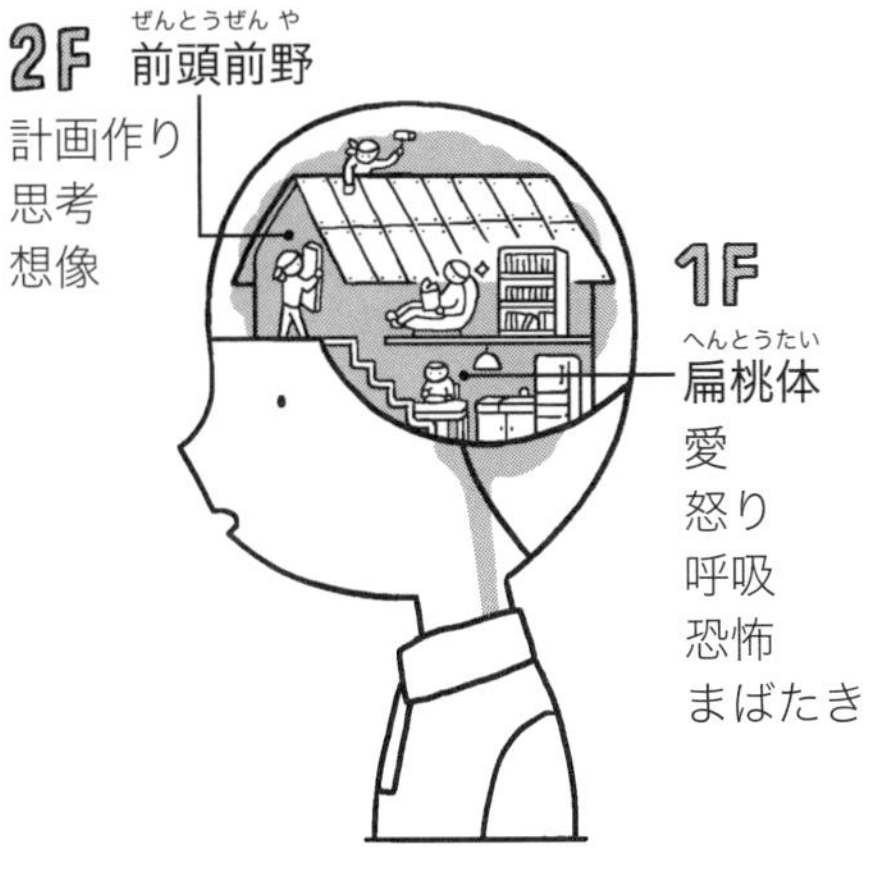
2F
前頭前野《ぜんとうぜんや》
計画作り
思考
想像
1F
扁桃体《へんとうたい》
愛
怒り
呼吸
恐怖
まばたき

子どもがかんしゃくを起こしたときや、何かで駄々をこねたとき、あなたが我慢すべき理由が「これ」だ。

当然、子どもの2階の脳はまだ完成していないので、ときには感情や体をコントロールすることが本当の意味でできなくなる。そういうときには、1階の原始的な脳で動いているから、親としてあなたが手を差し伸べよう。

子どもを愛し慈しむと同時に、2階の脳を育てて強くしてやることが、子どもの保護者としての大切な仕事だ。子どもの2階の脳のさまざまな機能を育て、自己肯定感を高める経験をさせて脳を統合し、1階の脳の機能をバランスよく整えてあげよう。

親が、分別と思いやり、立ち直る力、そして責任感がある子になるための部分を伸ばしてやりたいと願うのは当然ではないだろうか?

その部分が、2階の脳だ。具体的に言うと、2階の脳には前頭前野という部分があり、ここが、プラス脳を持つ思いやりのある人なら取るはずの行動をつかさどっている。前頭前野が統合をつくっているとき、その人は幸せとつながりを感じ、世界のなかでくつろいでいる。それがエウダイモニアという幸福を生み出し、意義とつながり、落ち着きのある人生を与えてくれる。そういう人は、自己肯定感の高いプラス脳で人生を見ている。

子どもが幸せに生きていくのに必要な4つのスキル

以下の章で見ていくように、わたしたちは統合した前頭前野から生まれる行動のリストを検討し、プラス脳が導く自己肯定感の4つの力をまとめた。常に子どもの気質と個性を認めて大切にするよう気を配れば、自己肯定感が育ち、生きていくのに役立つスキルと能力を教えられる。

たとえば、子どもが大きな感情をうまく扱えないでいるとき、親は「キレない力」のスキルを育てる手助けをする。混乱しているときにも感情と体をじょうずに抑え、きちんと判断するためのスキルだ。

あるいは、もし子どもがむずかしい状況に直面したとき、根気よく努力できないなら、もっと「立ち直る力」が身につくよう導いてやれる。

キレない力と立ち直る力をしっかりはぐくめば、子どもは自分自身と自分の感情を本当の意味で理解する。つまり、「自分の心を見る力」をはぐくむ準備ができる。それが、心の羅針盤の核心だ。

そして自己肯定感の4つめの力である「共感する力」をはぐくめば、自分とまわりの人をもっとよく理解して大事にできるようになる。

4つの力はすべて、学ぶべきスキルで、子どもは自己肯定感に満ちた世界観への道のりを1歩進むごとに、キレない力、立ち直る力、自分の心を見る力、共感する力に満ちた人生に近づく。

「プラス脳」が成長の循環を生む

次に、この過程が循環していることに気づいてほしい。自己肯定感は、子どものキレない力、立ち直る力、自分の心を見る力、共感する力の発達につながる。

そして、親がこの4つの力をはぐくむ努力をするにつれ、子どもはさらに世界と向き合うための自己肯定感を高めて、それがさらに4つの力につながる。循環する成長志向の過程が、子どもにとってますますよい結果を生む。多くの点で、これは科学的にとても興味深い発見でもある。統合が、さらなる統合を生むということだ。

プラス脳でのやりとりは、さらにプラス脳を現れやすくする。親としての役割のなかで、そういうスキルに気づき、自分のなかの自己肯定感も育つことを学べば、著者やともに活動する多くの人たちと同じように、この新しいスキルが自然によい方向に高まることに気づいてうれしい驚きを覚えるかもしれない。

4つの力はどれも、子どもの練習と親の導きで育てられるスキルだということを忘れないでほしい。

生まれつき優れた能力を備えている子もいるが、どの子の脳も可塑性を持ち、変わるこ

子どもの自己肯定感を育てると、親としての仕事が最終的には「とても」楽になる。

とができる。経験したことの統合に基づいて成長し、発達できる。本書では、それぞれの基本と、子どもの人生に必要なスキルを育てるための実践的なステップを紹介しよう。

自己肯定感をはぐくむことには、短期的にも長期的にも大きな利点がある。

いちばん早く現れる効果は、親としての仕事が楽になることだ。プラス脳を使う能力をしっかり備えた子どもは、より大きな幸せを感じ、世界に関心を向けるだけでなく、受け入れる力が反応しやすさにまさるので（詳しくは後述）、より柔軟でつき合いやすくなる。つまり、穏やかで落ち着いた子になり、親子のきずなが強まること、それがプラス脳を活性化させるスキルを教える日々の効果だ。

長い目で見た効果は、子どもの2階の脳を育てて統合させ、思春期や大人になっても使えるスキルを教えられることだ。なにしろ、この4つの力は、健康で幸せな真の人生というエウダイモニアの根本なのだから。

本書の構成――子育てという旅の道連れに

各章の終わりには、その章の理論を実践するための2つのヒントを教える2つのセクションがある。

1つめは、「こんなふうに実際に子どもと話してみよう」だ。それぞれの力を子どもと話し合うのに使える。親や教師、医師たちから、子どもにも教えやすいので、とても役立つと好評をいただいている。

たとえば、「立ち直る力」の章を読んだあとで、子どもといっしょにこのセクションを読んで、恐怖と向き合って困難を乗り越えるとはどういうことか、日々の生活でどうやって実行すればいいかを話し合える。

2つめのセクションは、「あなた自身の自己肯定感」だ。ここでは、親としてだけでなく、自分自身の生涯にわたる成長と発達に関心を向ける個人として、その章の理論を考えてもらいたい。

なにしろあなたの生きかたは子どものお手本になるのだから。わたしたちが教える理論やテクニックのほとんどは、子どもだけでなく大人にも応用できる。だから各章の締めくくりには、自分の人生についてと、もっと優れたキレない力、立ち直る力、自分の心を見る力、共感する力を身につけて生きればどんな利点があるかを考える機会を用意した。

本書で紹介するすべての情報は、科学によって裏づけられている。

しかし、当然ながら親たちは、大きな負担を抱えて疲れ切っていて、食べたり、眠ったり、トイレに行ったりする短い時間を見つけるのにも苦労している。そこで、できるだけすべてを簡単に、使いやすくまとめ、科学に忠実ではあるが、わかりやすく正確で効果的なものにして、親仲間としてのあなたに寄り添うよう努めた。

子育てという困難だがやりがいのある旅の道連れにわたしたちを選んでくれたことを、とても光栄に思う。そして、あなたが子どもを育てるうえで、ただ自動操縦のスイッチを入れて自分の親と同じやりかたをするのではなく、意図的で愛情のある方法で子育てしようと努めていることに大きな尊敬と賞賛の気持ちをいだいている。そういう愛情をこめた意図は、子どもを手助けして自己肯定感をはぐくみ、広い心と意欲と喜びを持って世界と向き合う準備をさせるのに、とても役立つだろう。

まず、2階の脳を育てる基本として、この章の末に「手でつくる脳のモデル」を載せておこう。全米の幼稚園児や小学生、はたまた中学生にまで、その効果は絶大だ。

子どもと知ろう
「手でつくる脳のモデル」
——１階の脳と２階の脳について教えよう

脳には１階と２階があるよ！

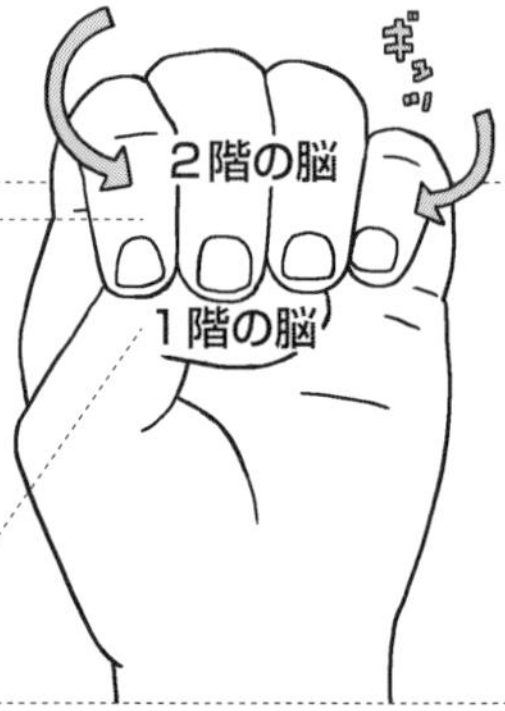

考えよう　ゆったりしよう　２階の脳

２階の脳は、きみがゴチャゴチャな気分のときでも、ちゃんと考えていい子でいようと思わせてくれる。

強い気持ち　１階の脳

握った手をちょっとゆるめてみよう。親指が見えるかな？　そのあたりが、脳の１階だ。とびきり強い気持ちは、ここから出てくる。人を大好きになったりするのも、ここのおかげだ。カッとしたりイラッとしたりするのも、ここのせいだ。

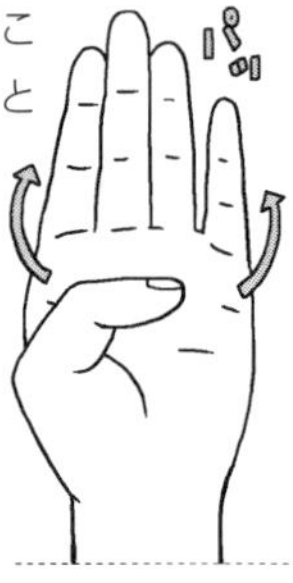

ふたがはじけちゃった

たまに、ほんとうにゴチャゴチャになったときには、ふたがはじけてしまうこともある。こんなふうに、４本の指を立ててごらん。２階の脳が、もう１階の脳にさわってないのがわかるかな？　もう、ゆったりするのを助けてはくれないんだ。

たとえば……

せっかくつくったレゴのタワーを、妹が壊してしまった。ジェフリーのふたがはじけて、妹をどなりたくなった。でも２階の脳が１階の脳をぎゅっとしたら、ゆったりするのを助けてくれることを教えてもらった。まだカッカしてたけど、妹をどなるんじゃなく、怒ってるんだよと言ってから、ママに妹を外へ連れてってもらった。

ちゃんと考える

だから、今度ふたがはじけそうだと思ったら、手で脳をつくってみてごらん（げんこつじゃなくて、脳の形だってことを忘れないで！）。指をまっすぐ立ててから、ゆっくり曲げて、親指をぎゅっとしてみる。こうすれば、２階の脳が１階の脳の強い気持ちをゆったりさせてくれるよ。

『１つの脳を使う子どもたち』より

第1章

自己肯定感を高める①「キレない力」

「かんしゃく」を起こす子の脳のなかで起こっていること

サッカーで悔しい思いをするたびに泣きわめく8歳の息子に「足りないもの」

「キレない力」と自己肯定感

アレックスは、8歳の息子テディーがサッカーをする姿を見るのが好きだった――うまくいっているうちは。

テディーのチームがリードしていて、息子がゴールを決めていれば、すべて順調だ。しかし、シュートに失敗したり、へたなパスをしたり、チームが負けたりすると、テディーはキレてしまった。瞬く間にカッとなって、2階の前頭前野が統合の役割を忘れてしまい、1階の脳が幅をきかせ始める。ほかの子どもたちが試合に出て自分が控えに回る番になったときも、同じことが起こった。何度もフィールドに駆け戻ってしまうので、アレックスが息子をサイドラインの外側で押さえていなくてはならないこともあった。

がっかりしたときのテディーの反応は、まだ8歳で、とても負けず嫌いなのだから、いくぶんかは理解できる。8歳児はときどき、自分をうまく抑えられない。問題は、テディーの爆発があまりにも頻繁に、しかもほかの8歳児たちは気にしないような状況でも起こることだった。アレックスは、息子の試合が悪い方向へ進むたび、みるみる背筋が寒くなった（8歳児たちのサッカーを見たことがあるなら、アレックスがどのくらいしょっちゅう背筋の寒さを覚えたかはわかるだろう）。チームが劣勢になるか、テディーがスライディングタックルに失敗するか、審判が息子やチームの反則を取るかしたとたんに、テディーが口をとがらせて泣いたり、ときには地団駄を踏んでフィールドを出ていき、プレイを拒んだりすることはわかっていた。

人生のこの段階で、テディーが必要としていたのは、「キレない力」だ。**テディーは、自分の気持ちを整える能力、つまり感情と体のバランスを取る力が不足していたので、すぐに調節ができなくなって、自分を抑えられなくなっていた。**

たぶんあなたも似たようなできごとを経験しているだろう。思いどおりにいかないときテディーのようにふるまう子どもを、何度も見ているかもしれない。

キレてしまった幼い子どもは、かんしゃくを起こすか、ものを投げるか、たたいたり蹴ったり噛《か》んだりするかだろう。年長の子どもも、同じような行動を取ることがあるが、語《ご》彙《い》が豊富になって人の心理がわかるようになると、ことばで親を傷つけて怒らせる方法も学ぶだろう。また、幼くても年長でも、ただ心を閉ざして隠れてしまい、まわりの人を締め出してひとりで苦しむ子もいるだろう。

キレやすい子になる10の要素

重要なのは、すべての子どもがときどき感情のバランスを失うということだ。キレてしまうのは、小児期にはごくあたりまえのこと。逆に、もし子どもが一度も取り乱したりキレたりしたことがないようなら、心配になるだろう。なかには、自分の気持ちをしっかり抑えて感情にのみこまれない子もいるが、そちらの方向に行きすぎると、日々の生活から得られるいきいきとした感覚をさえぎってしまう恐れがある。小児期には、幅広い感情を味わうものなのだから、強い感情の表れとして〝キレること〟がきちんと考える能力を上回ることもある。ようこそ、人間の世界へ！

バランスの不足と頻繁なキレやすさには、さまざまな原因が考えられる。

①発育年齢

②気質

③心的外傷
④睡眠障害
⑤感覚処理障害
⑥健康・医療上の問題
⑦学習、認知、その他の障害やずれ
⑧苦しみを増やす、または反応が鈍い保護者
⑨周囲の要求と子どもの能力の不一致
⑩精神障害

このように、子どもがキレやすくなる原因は、子どもにさまざまな度合いで影響する。その結果は爆発的な怒りをともなう感情的な混乱、または閉じこもりや硬直だ。それぞれの反応は、川の両岸にたとえられる。一方の岸がゴチャゴチャの混乱、もう一方の岸がガチガチの硬直。キレない力とは、その川のまんなかをバランスを保って流れていけるようにすることだ。

最初にお伝えする自己肯定感を高める資質が「キレない力」なのは、なぜか？
じつのところ、他の3つの力（立ち直る力、自分の心を見る力、共感する力）はすべて、子ど

親としてのわたしたちのおもな仕事の１つは、子どもの年齢にかかわらず「キレない力」をつける後押しをすることだ。

もがある程度、感情のバランスとコントロールを保てなければ身につかない。子どもたちに伝えたいあらゆる教えと、そこから得られるうれしい結果、たとえば家族や友人との意義深い関係、元気を回復させる睡眠、優秀な成績、一般的な意味での人生の幸せは、キレない力しだいで決まる。

それに、**子どもは自分を抑えられなければ、学ぶことができない。**かんしゃくを起こしている最中の子どもに教えようとしてもその子は聞くことさえろくにできないし、ましてや言いつけに従うことや、自分の気持ちをどうすればいいかうまく判断することができるはずもない。

キレない力は、子どもの心身のあらゆる機能にとってとても重要だ。どんな原因であれ、子どもがバランスを失ってキレるとき、そのふるまいは、子ども自身にとっても、誰にとってもストレスになる。だから親は、子どもの年齢にかかわらず、〝いっしょに気持ちを整える〟ことで、バランスの取れたキレない力をつける後押しをしなければならない。

つまり、子どもが感情的な落ち着きを取り戻すまで、支えになり、この先もっと簡単に気持ちを整えるためのスキルを教えるのだ。

どうすればそれができるのか、これから説明しよう。

子どもが「キレて、かんしゃくを起こすワケ」を知る

「かんしゃく」を起こす脳の仕組み

テディーはサッカー場でしばしばかんしゃくを起こしたが、だからといって長期間の治療や投薬が必要な気分障害や行動障害ではなかった。それに、テディーが必要としていたのは、キレたことに対して懲らしめられたり、恥をかかされたりといった対応（マイナス脳での対応）ではなく、自分の気持ちを整える新しいスキルを育てて感情のバランスを取れるように手助けする対応（プラス脳での対応）だった。

テディーの父、アレックスがオフィスを訪れたとき、ティナはそのことを説明した。子どもたちのなかには、**「許容の窓」**を広げて、脳と体を整える能力を高めるために、専門家の介入を必要とし、それがとても役立つ子もいる。

いいふるまい、悪いふるまい……どんなふるまいも、すべてコミュニケーションの１つの形だ。

「許容の窓」とは、ダンがつくったことばで、心と体がうまく機能しているときに脳が活性化する範囲のことだ。窓の上端を越えてしまうと心は混乱し、窓の下端を越えてしまうと心は硬直する。悲しみや怒りなど、ある感情の窓がとても狭ければ、小さな刺激でキレやすくなる。同じ子どもでも、恐れなどの別の感情では、混乱や硬直が起こる前の許容範囲がもっと広いかもしれない。

子どもの感情の窓を、ひどく狭くする問題はいろいろある。

たとえば、テディーが見せたようなふるまいは、感覚処理障害、ＡＤＨＤ、心的外傷の履歴、その他、いら立ちの窓を狭くするなんらかの原因を示している可能性がある。ティナがアレックスに説明したように、テディーはまず、自分を抑えるスキルを養う必要があった。テディーのかんしゃくは、じつはコミュニケーションの１つの形で、

ぼくは、落ち着いたり、自分の感情や行動を抑えたりするのに必要な方法が、まだわからないんだ！

という、父親やサッカー場にいる人たちに向けた叫びだった。ティナは、アレックス、そして本人もいっしょに、テディーの許容の窓を広げるため、自分を抑えるスキルをはぐ

くむことに取り組んだ（後述）。

生きていればときどき、許容の窓から激しい気持ちが飛び出しそうになることもあるが、最後には感情の整った状態に戻ってこられる。それがキレない力だ。

別の言いかたをすれば、バランスの取れた脳を持つ子どもは、「反応の柔軟性」を示している。

気に入らないことが起こったとき、すぐにキレる前に立ち止まって、その状況にどう反応するのがいちばんいいかを考えられる（もちろん、子どもの年齢と発達段階によるが）。

テディーがいら立ちや怒り、落胆を感じるのはまったく悪いことではない。それどころか、そういう感情をいだくのは、健全なことだ。意義のある人生とは、感情豊かな人生であることを憶えておいてほしい。それでも、テディーは自分の感情を味わいながら、有意義で健全な方法で状況に反応するスキルを養う必要があるのだ。

子どもがキレたとき、親のベストな対応は？

ごく幼い子どもは、まだ一貫して感情的なバランスを保てるほどじゅうぶんに脳が発達していない。〝魔の2歳児〟〝なんでもやりたがる3歳児〟〝イライラ4歳児〟ということばがつくられたのにはそれぞれ理由があるのだ。

子どもがかんしゃくを起こすのは、感情と体を抑えたくないからではなく、抑えられないからなのだ。

子どもの2階の脳はまだ未熟なので、保護者が自分の発達した脳を使って、子どもがバランスを取り戻す手助けをしてやり、いっしょに気持ちを整えることが重要になる。のみこまれそうな大きな感情に襲われているあいだも親がそばにいるとわかれば、子どもは安心できる。

この理論については、第2章でさらに詳しく説明するが、実際、**キレてしまった子どもを手助けするカギは、そういう愛情深い、「なだめる存在になること」にある。**

たいていの場合、子どもがかんしゃくを起こすのは、感情と体を抑えたくないからではなく、抑えられないからなのだ。

だから、していいことと悪いことについてお説教をしたり、話し合ったりする前に、感情と体のバランスを取り戻す手助けをしてやらなければならない。そのためには抱き締めてなだめ、耳を傾けて共感し、愛されていると感じさせて「つながり」をつくることだ。そうすれば、バランスが戻り、キレない力がはぐくまれる。その状態になって初めて、子どもは適切なふるまいや、この先うまく自分とつき合っていく方法について話せるようになる。

子どもは、キレてしまったときの感覚が好きなわけではないことを、憶えておいてほしい。感情の抑えがきかないのは、子どもにとっても怖いことなのだ。親の手助けがないと、子どもはひとりで激しい感情の高ぶりに対処することになる。恐ろしいかんしゃくを目にすることになるのは、たいていそういうときだ。

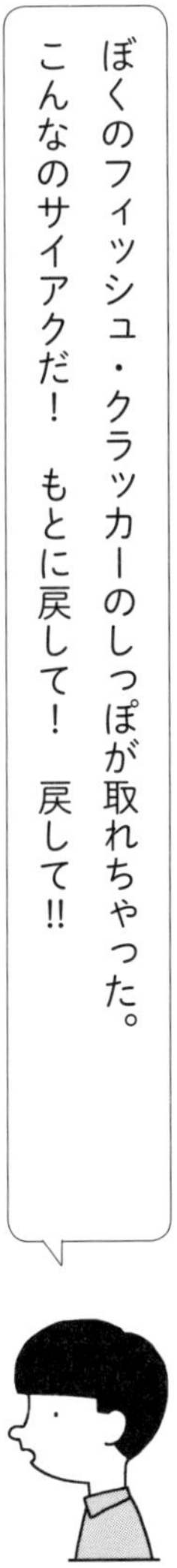
ぼくのフィッシュ・クラッカーのしっぽが取れちゃった。こんなのサイアクだ！　もとに戻して！　戻して!!

こういう激しい反応は、ある年齢の子どもには発達上ふつうに見られるものだ。けれどできるなら、子どもが成長するあいだに、激しい感情も含めた幅広い感情を安全な形で味わえるようにして、バランスの取れた心の状態に柔軟に戻る手助けをしたい。そして、しっかりした自己肯定感を持てるようにしてやりたい。

「キレない力」と「グリーン・ゾーン」の関係

「グリーン・ゾーン」とは、心のバランスが取れた状態

「許容の窓」をうまくとらえる便利な方法がある。ずっと昔、科学の授業で自律神経系について学んだことを憶えているだろうか。人間の神経系は、２つの系からなる。

交感神経系――アクセルのような働きをして、人を活発にし、感情的、身体的な覚醒を促す。たとえば心拍数や呼吸数を増やす、起き上がったり動いたりできるよう筋肉の緊張を高めるなど

副交感神経系――ブレーキに近い働きをして、人を落ち着かせる。神経系の覚醒を抑えて、呼吸をゆっくりにし、筋肉の緊張をほぐす

安全な環境にいるとき、この2つの神経系は1日を通して人がさまざまな状態になるのに応じて、なめらかに作用し合う。

午後のミーティングで眠くなったときには、副交感神経が活発に働いている。帰り道で渋滞に巻き込まれてイライラしたときには、交感神経のほうが活発に働いている。

研究者のスティーヴン・ポージズは、「多重迷走神経《ポリヴェーガル》理論」と名づけた理論を組み立て、神経系の覚醒が体と人づき合いのシステムにどう影響するのかを解説している。

その考えかたを、目で見てわかるように説明した簡単なモデルが下の絵だ。多くの専門家たちがさまざまな形のモデルを使ってきたが、いちばん簡単な、子どもがよく経験する3つのゾーンに絞ってある。

子どもの感情には3つのゾーンがある

バランスが取れた状態で、交感神経系のアクセルと副交感神経系のブレーキが調和して働いていると、自分自身でいることに心地よさを感じられる。

「グリーン・ゾーン」と呼ばれるこの状態は、人がプラス脳の状態にあることを示す。許容の窓のなかにいるときだ。

グリーン・ゾーンにいるときの子どもは、体、感情、ふるまいがきちんと整っている。たとえ困難にぶつかったり、いら立ちや悲しみ、恐れ、怒り、不安などの負の感情を味わったりしても、キレずにうまく自分を抑えられる。

怒りやいら立ちが爆発！「レッド・ゾーン」

ときにはものごとが思いどおりにいかず、感情にのみこまれることがある。感情の激しさが、許容の窓の枠から飛び出てしまう。

幼い子どもの場合、それは、2本めのアイスキャンディーがもらえないときや、遊び場で友だちに仲間外れにされたとき、自転車に乗れるようになりたいのに転んでばかりいてカッカしているときかもしれない。

年長の子どもの場合、それは野球の試合でピッチャーをやって負けたことや、悪い成績を取ったこと、きょうだいげんかをしたことと関係あるかもしれない。

誰の人生にも起こるように、その子は自分の思いどおりにできなかったり、激しい恐れや動揺、怒り、いら立ち、恥ずかしさを感じていたりする。すると突然、バランスを保って、グリーン・ゾーンにいるのがひどくむずかしくなる。

そこで、子どもは「レッド・ゾーン」に入る。これが、しょっちゅうレッド・ゾーンに飛んでいってしまうテディーに起こっていたことだ。

アレックスには、テディーが感情のアクセルを踏み込むとき、はっきりしたレッド・ゾーンの兆候が見えた。息子の心拍数と呼吸数は、急に増えた。目はすぼまるか、逆に大きく見開かれた。歯を食いしばり、こぶしを固め、筋肉を緊張させている。体温は上がり、肌は赤くなる。

このレッド・ゾーンの状態をもっと科学的に説明すると、子どもの自律神経系が「**過覚《かかく》醒《せい》**」の状態になり、急性のストレス反応を起こしているということだ。

その結果、かんしゃくを起こすか、まわりの人につっかかるか、ものを投げるか、そのすべての組み合わせかそれ以上のことをしでかす。もしあなたがたいていの親と変わらないなら、自分の子どもがレッド・ゾーンに入ったときの様子を思い描けるだろう。

レッド・ゾーンの爆発は、抑えがきかなくなったときに起こる、マイナス脳の状態だ。

子どもが（ときには大人も）ふだんはしないようなふるまいをするとき、何が起こっているのかがこれで説明できる。

実際、子どもの問題行動の多くはレッド・ゾーンの症状で、子どもが自分で選んでそうなっているわけではない。**ただ抑えがきかなくなって、きちんと判断をすることや、〝泣くのをやめる〟こと、〝今すぐおとなしくする〟ことができないだけだ。**

アレックスとティナは、テディーの状況に対して、4つの面からプラス脳へ導く方法を考えた。

第1に、テディーにレッド・ゾーンのことを教えた。

第2に、息をゆっくり吸うなど、気持ちを落ち着ける方法を教えた。

第3に、負けてもさほどつらくないたくさんのロールプレイングゲームやボードゲームで、我慢できるいら立ちに向き合う練習をさせた。

テディーは小さないら立ちを感じることで、サッカーの試合に負けるなど、もっと大きないら立ちにうまく対処する準備ができた。こうして、いら立ちに対する許容の窓の広げかたを教えた。

最後にティナはアレックスと協力して、テディーがキレてしまったときには、まずなだめて安心させてやり、落ち着いて父親の言葉を聞けるようになってから、正しいふるまいについて話す方法に取り組んだ（それぞれの方法については本書の別のパートで詳しく説明する）。

子どもが心を閉ざす「ブルー・ゾーン」とは？

しかし、子どもはときどき、取り乱してもレッド・ゾーンには入らないことがある。場合によっては、バランスが崩れて「ブルー・ゾーン」に送り込まれる。

ブルー・ゾーンでは、子どもは行動ではなく心を閉ざすことで、不快な状況に反応する。ただ感情的に引きこもって黙り込み、すべての人を追い出して、手助けを拒む子もいる。実際に、その状況から体ごと遠ざかる子もいる。自分の感じたことを、思考や身体感覚からも心理的に切り離してしまう「解離」と呼ばれる極端な状態になる子もいる。心的外傷の履歴があると、解離はいっそう起こりやすくなる。

ブルー・ゾーンの失神または虚脱反応の身体的な徴候には、心拍数や血圧が低下する、呼吸がゆっくりになる、筋肉や姿勢がだらりとする、視線を合わせない、などがある。オポッサム（フクロネズミ）が危険を感じたとき死んだふりをするのに似ているかもしれない。逆に筋肉がこわばって、心拍数が上がり、一時的に動きが止まって固まった硬直反応を示す子もいる。活発な状態だが、動きがない。

ブルー・ゾーンの反応は、外に向かって爆発するかわりに、内に向かう。

レッド・ゾーンは自律神経系の過覚醒を示していたが、ブルー・ゾーンは一種の「**低覚**

醒」として、2つの異なる方法でブレーキを踏む。失神反応では、内面の生理機能が弱まり、硬直反応では、外側の動きが止まる。子どもたちは、いやだ、怖い、危ないと思う状況からのはっきりした逃げ道が見つからないとき、ブルー・ゾーンに入る。

子どもの「キレない力」をはぐくむために――親がやるべき2つの仕事

どの状態に入るかが、〝選択〟されることはめったにない。神経系は、現在の環境、過去の経験、生まれつきの気質など、多くの要素に基づいて自動的に、どの反応が状況にもっとも適合するかを決める。

人がむずかしい状況や激しい感情に反応する方法はたくさんあり、ここでは要点を説明するためにかなり簡略化している。

それでも、重要なのは、**グリーン・ゾーンにいる子どもはたいてい自分の心と体をコントロールできるということだ。**健全な状態でまわりの世界とかかわる準備ができていて、学ぶ意欲がとても高い。ところが、周囲の環境のなかで激しい感情や脅威に襲われると、とっさに反応しやすくなって、感情の爆発をともなうレッド・ゾーンか、かたくなに心を閉ざして反応しないブルー・ゾーンのどちらかに入ってしまう。どちらにいても、バランスを失って自分をうまく扱えない。

親は、子どもがキレたときグリーン・ゾーンに戻してやり、成長とともにグリーン・ゾーンを広げる手助けをしてあげよう。

一方で、柔軟なグリーン・ゾーンにいる子どもは、困難なときにも実りのある新しい方法を見つけられる。そういうときの子どもは、許容の窓のなかで活動している。子どもは誰でも、何かあればレッド・ゾーンやブルー・ゾーンに入るだろう。しかし、心の力として頑丈で広いグリーン・ゾーンを持つ子どもは、いら立ちや落胆、悲しみ、恐れを感じているあいだもグリーン・ゾーンにとどまっていられる。幅広い感情を経験することに対して、大きな許容の窓を持っているからだ。

子どもにキレない力をつけさせ、気持ちを整えて、もっと落ち着きを持って人生の困難に対処できるようになってほしいなら、親には2つの仕事がある。

①子どもがキレてしまったときグリーン・ゾーンに戻してやること
②成長とともにグリーン・ゾーンを広げる手助けをすること

そうすれば、世界を経験するための大きな窓という贈り物を与えられる。

第2章では、子どものグリーン・ゾーンを広げる方法について検討する。ここでは、子どもがグリーン・ゾーンに戻り、そこにとどまる手助けをするためにできることに注目しよう。

この子はどのくらい「バランス」が取れている？

「マイナス脳」の原因を探す質問リスト

さて、ここでは自分の子どものグリーン・ゾーンがどのくらい頑丈か、自分にいくつか質問してみよう。

何度も言っているように、子どもがいろいろな状況で感情のバランスを崩すのは自然なことだ。だから、子どもがマイナス脳の反応を起こした原因は何か、そしてレッド・ゾーンや、ブルー・ゾーンの反応が起こったら、どうやってバランスを取り戻してやればいいかについて、親が考えることが重要になる。

わたしたちは、ストレス研究の第一人者であるブルース・マキューアンの「毒性ストレスの研究」に基づいて、子どもを手助けする方法を見つけるための質問リストをつくり、長年オフィスで使い続けている。

あなたも次の質問に答えてみてほしい。

1. この子のグリーン・ゾーンは、それぞれの感情に対してどのくらい広い？

不快さ、恐れ、怒り、落胆にどのくらい我慢できる？　年齢と発達段階から見て、すぐにレッド・ゾーンやブルー・ゾーンに入ることなく、逆境に対処できている？

2. この子はどのくらいグリーン・ゾーンから離れやすい？

どんな感情や状況で、レッド・ゾーンやブルー・ゾーンに入る？　ここでも年齢と発達段階から見て、この子は小さな問題でキレやすく、グリーン・ゾーンから出て感情を高ぶらせる？

3. この子が感情のバランスを崩す「お決まりのきっかけ」はある？

そのきっかけは、空腹や疲れなど、体に必要なことと関係がある？　足りなかったり練習が必要だったりする感情的、または社会的なスキルがある？

4. この子はどのくらいグリーン・ゾーンの外へはみ出している？

レッド・ゾーンやブルー・ゾーンに入ったとき、その反応はどのくらい激しい？

子どもがグリーン・ゾーンに長くとどまれるようになれたら、

穏やかで落ち着いた人生を送る大人に成長できるだろう。

グリーン・ゾーンの外へ出たとき、混乱や硬直がどのくらいバランスを崩している？

5．この子はどのくらいグリーン・ゾーンの外にいて、どのくらい戻るのがむずかしい？

キレてしまうと、バランス感覚と自制を取り戻すのにどのくらい苦労している？

これらの題材と理論については、本章（と本書）の後半で探っていく。その子独自のスキルや気質を正確にとらえるほど、わたしたちが教える方法をうまく応用できるようになる。ここでお話しすることはすべて、あなたの子が短期間でキレない力を養う手助けをすること、つまり毎日の生活をもっと楽に、穏やかにすることを目的としている。

さらに、子どもがグリーン・ゾーンに長くとどまれるようにして、自分とうまくつき合い、穏やかで落ち着いた人生を送る大人に成長できるような、一生のスキルを教える手助けもしたい。

子どもが、幼稚園に行くのを大泣きして嫌がったら？

ある若い母親がダンのところに相談に来たのは、幼稚園に入ったばかりの息子が、母親と離れるときになると必ず大泣きするからだった。

ほかの子どもたちは親に「バイバイ」を言うことにもう慣れたのに、息子は幼稚園に行くと約束し、母とふたりであらかじめ細かい計画を立てるのだが、毎朝8時になるとレッド・ゾーンに入ってしまう。スクールバス乗り場で、息子は叫び、唾《つば》を吐き、噛みつき、服を破くことさえあった。

母親と離れることに関する息子のグリーン・ゾーンはとても狭く、ほとんど存在しないくらいだった。

ダンはまず、息子にとって、気持ちを整えるいちばんの方法は母親のそばにいることなのだと、母親に説明した。

よちよち歩きの子が怖い音を聞いてパパに駆け寄るのと同じように、息子はストレスを受け入れ、心の乱れや不安定をどうにかするのに、母親を頼っていた。この対処法はうなずけるが、感情を整えて、母親と離れるのを我慢するためのほかのスキルや方法がないので、息子と母親の両方が苦しんでいた。

マイナス脳で反応するなら、この子がどれほど苦痛を感じているかに関係なく、言うことを聞かせれば〝成功〟になるだろう。

マイナス脳で反応すれば、子どもをもっと苦しい気持ちにさせる。

プラス脳で反応すれば、子どものスキルを確実に育てられる。

恥ずかしい思いをさせるか

Bad...

ほかのみんなは、ママがいなくてもだいじょうぶなのよ。

その子の気持ちを軽んじるか

Bad...

もう大きいんだから、寂しくないでしょう?

ダンはそうではなく、息子の感情を認めて、尊重してから応じるプラス脳での対処を提案した。

第1に、母親と息子はいっしょに、朝バイバイを言うのがどれほど寂しいか、それでも幼稚園に着いてしまえばどれほど楽しいかについての絵本を書いた。

第2に、息子が心地よさと安全を感じられる場所でごく短いあいだ離れる練習をして、少しずつ時間を延ばし、離れていることに我慢できるようにした。また、〝勇敢な男の子〟の姿と〝心配な男の子〟の姿がどんなふうに違うかについて話し、〝勇敢な男の子〟になる練習をした。

そして最後に、先生に協力をお願いし、車から降ろす場所まで迎えにきて、少しのあいだ母親といっしょにいられるようにしてもらった。それから徐々に母親が遠ざかって、長い時間離れているようにしたところ、母親と離れることに対する息子の許容の窓はだんだん広がっていった。こういう段階を踏むことで、母親は息子の経験と感情を認めて尊重できるようになった。

以上のテクニックは、この子の場合はうまくいくことがわかった。しかし忘れてはならないのは、子どもは1人ひとり違うということだ。

重要なのは手順を暗記することではなく、子どものスキルを養って、バランスの取れた脳をはぐくむ余地と機会をつくることだ。子どもにキレない力（そして立ち直る力、自分の心を見る力、共感する力）を身につけさせる基本は、まず、つながること。すべてはいつも、人と人との関係から始まる。

親子の確かなつながりをつくることば

3歳の娘がテレビの見すぎを注意されて「かんしゃく」を起こしたら

少し前に、人の脳内の統合がどれほどプラス脳と自己肯定感に深くかかわっているかについてお話しした。

統合は、異なる部分がつながってうまく働く。たとえば、対人関係では、それぞれが自分の人格を維持しながら、調整されてともに動いている。こういう形の統合は、混合や、すべてを同じ均質なものにすることとは違う。統合には、それぞれが違いを保ちながら、その違いを消さないつながりをつくるという重要な特徴がある。

親子関係では、特にこれが重要になる。そこには密につながった2人の人間がいるが、違いも尊重する必要がある。

理想としては、こんなふうに進めるといい。

子どもがキレる――もしかすると、3歳の娘が、テレビ番組を見てはいけないと言われてカッとしたのかもしれない。テレビやスマートフォンを見る1日の決まった時間をすでに使ってしまったからだ。

娘がレッド・ゾーンに入ってかんしゃくを起こし始めたら、あなたはすぐに気持ちでつながり、理解していること、耳を傾けていることを感じさせてやる。共感をこめた声で、柔らかい表情をして、こんな言葉遣いをするといいだろう。

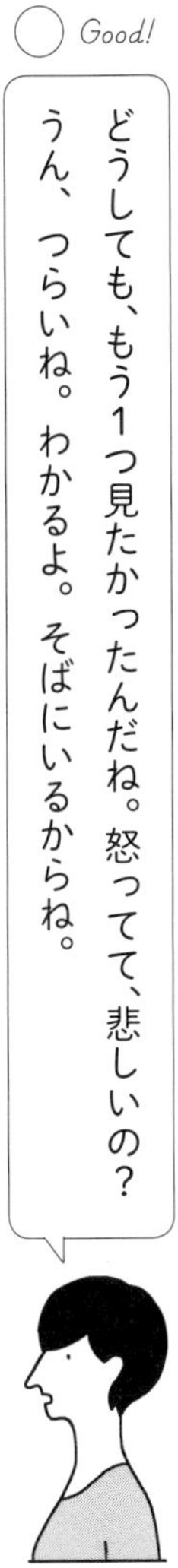
○ Good!
どうしても、もう1つ見たかったんだね。怒ってて、悲しいの？
うん、つらいね。わかるよ。そばにいるからね。

番組を見せないという考えは変えないが、娘には親が耳を傾け、そばにいることがわかる。それが、統合の〝つながり〟の部分だ。

脳と脳につながりをつくれば、子どもの感情に深く寄り添い、子どもがキレて大騒ぎしたとき臨機応変な反応ができる。外面の行動に反応するだけでなく、内面の世界がどうなっているのかに注目して、その内面の状態とコミュニケーションを取れる。

また、「我慢」というむずかしい気持ちに耐える練習をさせ、支えになり、子どもが自しつけとは、子どもの悪いふるまいを怒り、叱ることではなく、「そうしないためのスキル」を教えることである。

分の感情をうまく扱えないときには、扱いかたを教えてやれる。**そばに寄り添うあなたのコミュニケーションを通じて、子どもは許容の窓を広げていけるだろう。**

お説教の前に必ず「やるべきこと」

わたしたちは、『子どもの脳を伸ばす「しつけ」』という著書でも、この考えかたについて語ってきた。

そこで説明しているように、しつけとは、スキルを教えて養うこと、そしていずれ子どもがそのスキルを身につけて自分を訓練できるようになり、しつけの必要がなくなるようにすることだ。

しつけの本質は教えることなので、子どもは学べる精神状態、そう、グリーン・ゾーンにいなくてはならない。たいてい、キレた子どもを手助けしてグリーン・ゾーンに戻すもっとも効果的な方法は、子どもが体に痛みを感じたときと同じだ。気持ちが傷ついたときにも、共感を示して、スキンシップや共感の表情や愛情をこめた理解のことばを通じて、気持ちを和らげる存在になることだ。

子どもの目の高さより下に、くつろいだ姿勢で座り、共感をこめて「すぐそばにいるよ」と言えば、もっと効果がある。

こういうつながりをつくれば、子どもはグリーン・ゾーンに戻り、落ち着いて親の言うことを受け入れられるようになる。そのあとで切り替えをして、よいふるまいを判断できるように教えてやり、次に似たような状況になったときどうするかについて話し合う。こうして初めて、子どもは間違いを直したり、きちんと修復したりなど、責任を取ることができる。簡単に言えば、それがつながりと切り替えの方法だ。

子どもが爆発寸前！　あなたはどうする？

しかし、子どもと過剰につながって区別を失い、バランスを崩してはいけない。

親子関係でのバランスの欠如、つまり区別をつけずにつながると、子どもの内面のバランスに問題が生じる。重要なので強調しておくが、これは、

目の高さより下から、
安心させてやる

子どもと距離を置くべきだとか、子どもを愛するのをやめるべきだということではない。つながりと区別はどちらも、愛と支えの基本的な部分としてつくっていける。これは重要な違いなので、事例をじっくり見てみよう。

子どもが心を閉ざすか、今にも爆発しそうになったとき、あなたの仕事は、その子の感情を自分で引き受けたり、そこから完全に救い出したり、困難にいっさい向き合わせないように守ったりすることではない。

フィッシュ・クラッカーのしっぽをふたたびくっつける瞬間接着剤を探しに走ったり、新しい商品を買うために店に駆け込んだりするのではなく、つながって寄り添いながら、区別もつける必要がある。

Good!
わかるよ。お魚が壊れちゃって、本当に怒ってるんでしょう？
がっかりしちゃったね。

そうすれば、問題をすぐに〝解決〟してやらなくても、子どもはあなたからの共感とつながりを心の深いところで感じ取り、バランスのとれた状態に戻れる。親との区別を感じながら、親自身がキレることなく感情の高ぶりを抑えてくれると知れば、子どもは安心を子どもが泣きわめくと、同じように親がどなる。これは〝過剰なつながり〟であり、完全に間違った反応だ。

感じられる。親といっしょに気持ちを整えられれば、子どもは安全ネット——落ちても安心な場所——を与えられ、苦しみのなかに置き去りにされずにいられるのだ。

あなたが、子どものキレた状態に合わせて、同じように乱れたらどうなるか、想像してみてほしい。**過剰なつながりをつくってしまうと、子どもが泣けば、あなたも床に倒れ込んで泣き始めることになる。**

鏡のように似たような行動を取るだけで、区別がない。親子関係での区別とは、生きていくうえで避けられないむずかしい感情を、子どもにきちんと味わわせることだ。そしてつながりとは、子どもが安全を感じながらバランスを取り戻せるよう、気持ちに寄り添うことだ。この2つが、幸福な人生を築いていく力になる。そしてそれこそが、子どもの自己肯定感をはぐくむ。

理想は、しっかり区別をつけて、子どもが困難な経験と向き合って自分の感情を味わえるようにしながら、しっかりつながりも保って、歯止めになることだ。親は、子どもがすばやくグリーン・ゾーンに戻れるようにし、将来それをもっと広げていけるように手助けをしよう。

過保護？　無関心？　理想的な親子の距離感

ついつい言ってしまう「NGワード」が及ぼす害

子どもに対する親の反応や対応は、すべて子どもの自己肯定感を育てるか、しぼませるかするので、ちょうどいいつながりとちょうどいい区別を保っていたい。

しかし、理想的に進む子育てなどない。いつでも最善の子育てができる親はいない。しょっちゅう、つながりと区別がうまくできていない対応をしてしまう。

子どもと自分にはっきり区別をつけすぎる親は、子どもの感情に無関心になってしまう。子どもが感情のバランスを崩したときには、子どもの気持ちを軽く見たりとがめたりして、感情を退けて対応する。これでは、まだ発達上、対処できない問題でも、子どもは１人で問題と向き合うことになるかもしれない。

子どもは親に拒まれたり、バカにされたり、お決まりの説教をされたりすると、もっとキレるか、本当の気持ちを隠すか、どちらかしかしない。

親は、自分のことばが及ぼしている害に気づかないことが多い。

たとえば、注意を向けず、拒んで、バカにするとき。とがめて、お決まりのお説教をするとき。立ち去るか、子どもを締め出すかして、その気持ちを恥ずかしく思わせるとき。

子どもの感情に対してこういう対応をするとき、親は子どもが健全で人間らしい気持ちを感じることを罰している。それでは、あらゆる感情を麻痺《まひ》させ、そういう気持ちや経験は分かち合うものではないと子どもに教えることになりかねない。

子どもはグリーン・ゾーンに戻る手助けをしてもらえず、なんの支えもなく、ただ混乱したままになる。

すると、2つの選択肢のどちらかを選ぶしかない。**もっとキレるか、本当の気持ちを隠すかだ。**じゅうぶんなつながりを持たずに区別だけすれば、子どもはなんの手助けも得られずに感情の嵐にさらされる。感情とふるまいのバランスが取れなくなるのも無理はない。

感情を退けてしまう子育てだと……

Bad...
〈軽く見る〉
あら、そんなに痛くないでしょう？

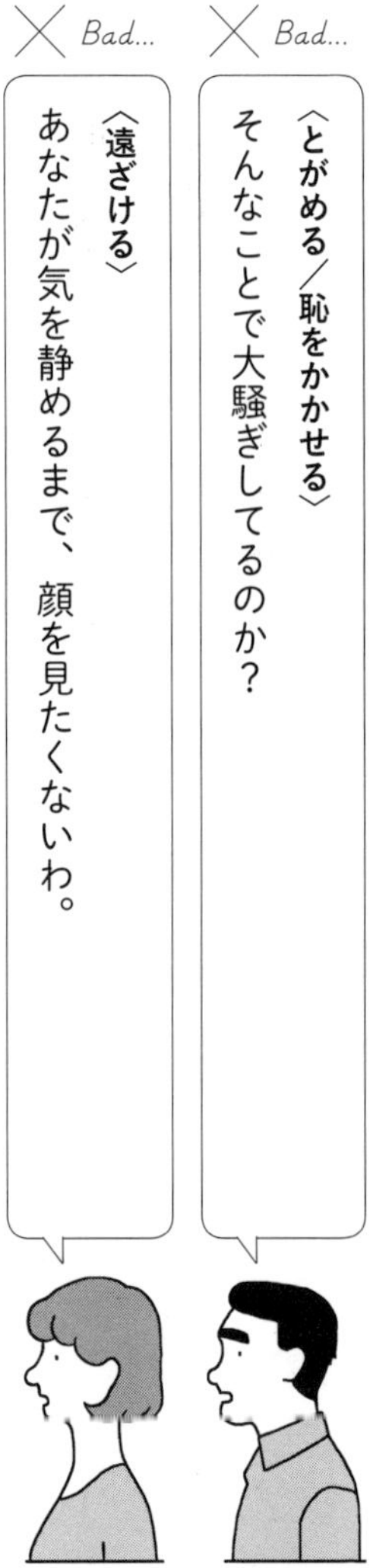
Bad...
〈とがめる／恥をかかせる〉
そんなことで大騒ぎしてるのか？
Bad...
〈遠ざける〉
あなたが気を静めるまで、顔を見たくないわ。

子どもの靴ひもを結んでやるのは「過保護」

一方、親がつながりだけをつくってじゅうぶんな区別をつけないときにも問題は起こる。親が個人としての子どもを尊重しない、あるいは母や父のアイデンティティーが〝親〟だけになってしまうと起こる。

それは、**「ヘリコプター・ペアレント」**として知られるようになった現象を招く。

たとえば、**父親が中学校の息子の宿題をすべてやったり、娘の幼稚園の授業を見学中、「自分でバナナをむかせてください」という先生の忠告に従えなかったりする。**親はときどきつながりを強くしすぎて、じゅうぶんな区別をつけられなくなるのだ。

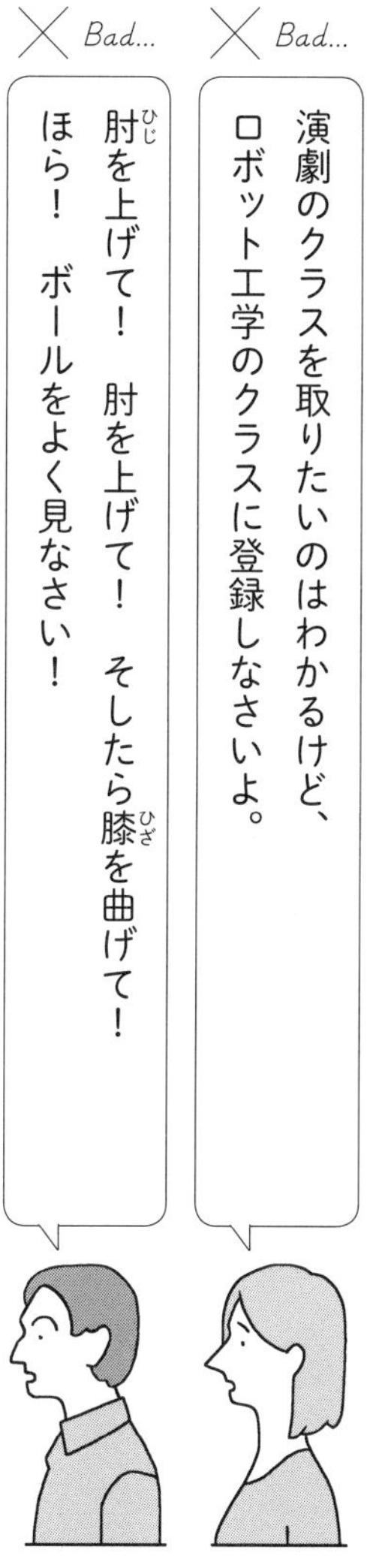
Bad...
演劇のクラスを取りたいのはわかるけど、ロボット工学のクラスに登録しなさいよ。
Bad...
肘《ひじ》を上げて！　肘を上げて！　そしたら膝《ひざ》を曲げて！　ほら！　ボールをよく見なさい！

これらは、子どものためにも、自分のためにも、親がきちんと区別をつけるべき例だ。こういう親たちは、子どもがさまざまな感情や欲望を持ち、個人的な経験をすることに不快感を示す。子どもの不運や苦労に対する許容の窓がひどく狭いので、子どもが何かを試して、間違いを犯し、学ぶのを見守るかわりに、何度でも子どものために行動し、救ってやろうとする。

親はみんな、ときどき子どもの人生に少し干渉しすぎることがある。愛情から、そういう衝動に駆られるのだ。ときには、余計なことまでしてしまう。

自分でやらせるかわりに、子どもの靴ひもを結んでやるとか、店のカウンターまで行って追加のケチャップを頼むとか。あるいは、子どもが困難や問題に向き合ったとき、すぐに助けに飛び出し、味方につき、〝ものごとを正す〟こともある。学校の先生と話をつける。友だちとのけんかに口を出す。サッカーのコーチに電話する……。

もちろん、子どもの味方をして、守らなければならないときもある。そのためにとことん熱意を注がなければならないこともある。

だから、ここではっきりさせておこう。

「子どものために」と言って「子どもの経験」を奪う親

あなたと子どもとの関係ほど重要なものはない。著者の本のどれかを読んだことがあるなら、わたしたちが親子の愛情をどれほど強調しているかがわかるだろう。

簡単に言えば、愛や思いやりをどれほど注いでも〝甘やかす〟ことにはならない。愛情を与えすぎてヘリコプター・ペアレントになっているかもしれないと心配する必要はない。

実際、**ますます多くの研究で、ここ20年ほどのあいだに親が子どもの幸福と発達への投資を増やすにつれて、子どもがいっそう健康に恵まれ、幸せで安全になってきたことが示されている。**そういう子どもたちは面倒に巻き込まれにくく、成績がよい。どの測定基準でも、親が寄り添うこととつながることを大切にすると、子どもの人生は向上している。

とはいえ、子どもを愛するとは、区別のないつながりを避けることでもある。了どもが先生に自分の意見を言ったり、友だちとの問題に向き合ったりすることは、問題を解決する能力と、発言する力、コミュニケーションのスキルを育てるチャンスだ。親がそれを奪ってはいけない。

子どもを「プチプチシート」で包んではいけない

子どもには、自分の意見をはっきり口にすることを教え、自分で状況に向き合う力があることを親が信じているとわからせたい。

そうすれば子どもは、自分でも気づかないうちに、どんなに自分が強く、いろいろなことができるようになっていたのかを発見できる。「やったよ！」と言って、むずかしい経験を乗り越えられる。こうして自己肯定感を身につけられるのだ。

別の言いかたをすれば、子どもを「プチプチシート」で包んではいけない。

子どもは大切だが、か弱くはない。

子どもをプチプチシートで包んであらゆる不快さや苦しみ、起こりそうな問題から守ろうとすると、気づかないうちにはっきりと、こう伝えることになる。

親の仕事は、子どもが困難と向き合ったときに、問題解決できる奥深い能力があると気づかせてやることだ。

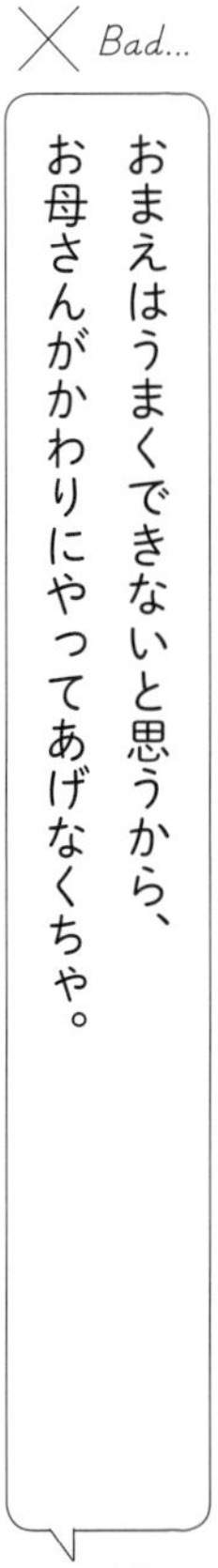
Bad...
おまえはうまくできないと思うから、
お母さんがかわりにやってあげなくちゃ。

これでは、自分が強さと能力を持っていることを知る特権を奪ってしまう。

子どもにものごとをうまくやる力と、立ち直る力、キレない力をつけさせたい？

やり抜く力、困難に耐えて乗り切るための幅広いたくましさを養ってほしい？

それなら、**子どもに「不快な気持ち」も経験させよう。**優柔不断や自信喪失、落胆に向き合わせよう。

つまり、区別の余地がないほど子どもとつながりすぎてはいけない。

憶えておいてほしい。

親の仕事は、つらいことや不快な気持ちから子どもを救うことではない。

親の仕事は、子どもが困難と向き合ったときにつながりと共感で寄り添い、自分の能力に気づかせてやることだ。

子どもを守りたいと思うのは深い愛からだが、その愛を親自身の勇気につなげて、強い心を持ち、子どもが自分の強さを発見できるようにすれば、きっと子どもの能力、そして、自己肯定感を大きく伸ばせる。

子どもは大切だが、
「取扱注意」ラベルのついた
ガラスの置き物ではない

バランスのとれた脳をはぐくむには、バランスのとれたスケジュールが必要。

塾、習いごと、宿題……忙しすぎる子の弊害

「子どもでいられる時間」が好奇心や想像力を豊かにする

ここまでお話ししたことのほとんどは、子どもが内面のバランスを取って脳と体を整える手助けをする方法についてだった。

感情を整えるのに役立つ重要な外部の要因として、子どもの人生にどのくらいの「余地《スペース》」をつくってやるか、がある。バランスの取れた脳とバランスの取れたスケジュールは、明らかに関連している。

子どもには、宿題やさまざまな活動で分刻みの予定に追われてすべての時間を奪われることなく、「子どもでいられる時間」が絶対に必要だ。

たいていの場合、子どもは友人関係や自発的な遊び、自由時間を通じて感情を整えるスキルを発達させる。そういう経験のなかで、好奇心や想像力を豊かにする機会を得る。

予定を詰め込みすぎなければ、家族や友人と過ごす時間が増えて、人間関係をめぐる大切なことも学べる。退屈だって、成長と学びの重要なきっかけになる。親は子どもの学業をひどく心配するが、**夏休み中お決まりの「暇だなあ」という不平が聞こえたら、**たとえばこんなふうに言うだけで、いちばん子どものためになる教育ができる。

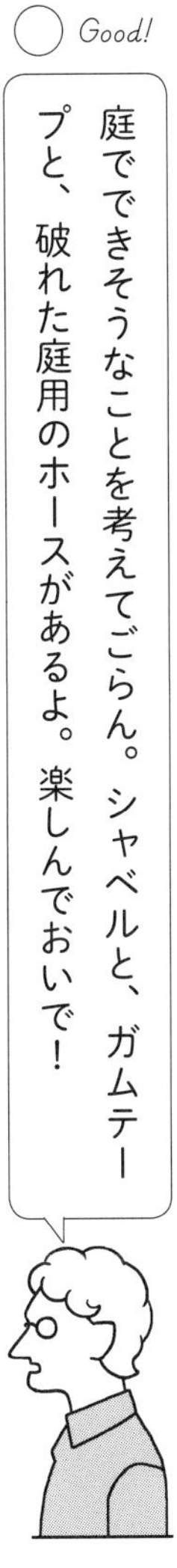
Good!
庭でできそうなことを考えてごらん。シャベルと、ガムテープと、破れた庭用のホースがあるよ。楽しんでおいで！

「暇だから」と時計を修理した天才少年がやっていたこと

ノーベル賞を受賞した物理学者リチャード・ファインマンについて、14歳のころ彼の友人だった女性から、すばらしい具体例を聞いた。

彼に知恵を借りる機会があったとき、女性はどうしてそんなに頭がよくなったのか、と尋ねた。

ファインマンは、「単純な話だ」と答えた。4歳のころから、両親は基本的にリチャードを家の外に締め出していた。

家の裏は、がらくた置き場だった。**幼いファインマンは、捨てられた機械やモーターをいじくり回し、ついには時計を修理し始めた。**完全な退屈さと、することを見つける必要が、ありとあらゆる思考の挑戦と知能の発達につながり、ついにはこの数十年で指折りの優秀な頭脳を生み出した。

わたしたちは、子どもを家の外に締め出してがらくた置き場で好きにさせることには賛成しないし、そうすればノーベル賞につながると保証もしないが、世界と自分自身を発見するためのじゅうぶんなスペースと自由時間を子どもに与えることは、強く勧めたい。

NASAが採用するのは、幼少期「ユニークな遊び経歴」のある人材

これは、NASAのジェット推進研究所の幹部が、採用方法を変える必要を訴えていることと一致する。

以前は、国で最高の学校を最高の成績で卒業したいわゆるエリートを採用することに重点が置かれていたが、そういう若者の多くが必ずしも問題解決を得意としていないことがわかってきた。

彼らは学問のシステムに熟達することを学んだので、成績優秀のしるしである「ごほう

NASAは、国で最高の成績を収める人材が、必ずしも“問題解決”に長けていないと判断した。


びシール」をたくさん獲得している。

しかし、“枠内に色を塗る”ことは、むずかしい状況を解決する独創的でユニークな方法の発見には必ずしもつながらなかった。

そこでこれらの機関は、採用の過程で、小児期と思春期に手を使ってユニークな遊びや作業をした経歴を持つ卒業生の獲得を優先し始めた。

子どものときにものをつくり、遊んだ経歴に特徴のある人が、問題解決をいちばん得意とする人たちだった。

以上のことからわかるように、子どもの生活にバランスをつくるもう1つの重要な方法は、子どもの時間を確保して、昔ながらの自由な遊びの機会をとにかくたくさん与えてやることだ。

子どもには、遊びや試みや失敗を通じて、探検や発見をし、重要な感情的、社会的、知的スキルを発達させる時間を与えてあげよう。分刻みの予定を抱えていては、子どもはそういう機会を逃してしまう。

脳の発達に必要な「子ども時代」の遊びとは何か

勉強・習いごとによって絶滅する子どもの「自由時間」

今、多くの子どもにとって、自由な遊びは絶滅しかけていると言っても過言ではない。家では、遊びの時間は、スケジュールに基づく活動、習いごと、宿題で埋めつくされている。幼稚園や学校では、学科の勉強がますます早期に始まり、テストでよい成績を取ることに焦点を当てた授業を増やし（座っている時間を長くし）、タワーづくり、鬼ごっこ、お店屋さんごっこなどをする時間がどんどん減っている。ほかにも現代的な社会の力が、遊びの領域を侵害している。テレビやネット、ゲームなどが、子どもの生活と心のなかで幅をきかせてきたからだ。

習いごとや勉強が、もともと有害なわけではない。しかし、それが遊びとどんどん置き換わっていくと、本当の問題が現れる。

遊びは、人間や他の哺乳類の適切な発達に、なくてはならないものだからだ。

遊びたいという欲求と衝動は、根深い原始的な哺乳類の衝動で、生存や仲間とのつながりへの本能的な衝動と同じく、脳の1階の低い部分にかかわっている。この部分は、2階の脳の成長にも直接影響して、より統合された脳の発達を可能にしている。

殺人犯たちの子ども時代に「欠けていたもの」とは?

精神科医で「遊び」の研究者でもあるスチュアート・ブラウンによると、死刑囚監房にいる殺人犯たちの小児期には2つの共通点があるそうだ。

1つは彼らがなんらかの形で虐待されていたこと、そしてもう1つは、子どもとして遊ばせてもらえなかったことだ。

この研究は、小児期をピアノの稽古や科学キャンプ、学習塾などの時間ばかりに費やすのではなく、子どもが子どもらしく「ただ遊ぶ」ことの重要性を指摘している。

音楽や科学や学業はもちろん大切だし、テレビやネットを見る時間にも意味がある。当たり前だが、わたしたちは子どもが技能を習得することに反対してはいない。特別な才能への深い情熱があるなら、その情熱を追いかけるべきだ。

しかし、想像したり、好奇心を働かせたり、単純に遊んだりする機会を奪ってはいけない。それらはすべて、子どもが成長し、発達し、自分を見つけるのに役立つのだから。

こんなふうに考えてほしい。

自由な遊びは、「自己肯定感を育てる活動」と言える。自由な遊びは、体系化されたスポーツと同じではない。どちらにも、子どもの生活のなかで役割がある。運動競技では、一方のチームが勝ってもう一方が負けるというルールと共通の枠組があり、善悪を判断する感覚が身につく。自由な遊びの時間を持たせると、子どもは文字どおり、自由に自分の想像力を探れるのだ。

「積み木」で遊ぶだけで、幼児の言語が発達する？

遊びの衝動は、人間が生まれつき持っている昔ながらの衝動だ。最近の研究は、その点を繰り返し実証している。いくつもの研究で、人が直感的に知っていることが示されてもいる。

たとえば、遊びはストレスを和らげる。ついでながら、この結果は、資源に恵まれた向上心の高い地域社会や学校だけでなく、生活に苦労している貧しい地域でも見られる。ほかに、少し驚くような発見もある。

ある研究者たちによれば、ただ積み木で遊んでいるだけで、幼児の言語の発達が向上するという。同様に、幼稚園に送り出されたあと勝手気ままに遊んだ子どもたちは、先生に本を読んでもらった子どもたちより、親と離れてもあまり取り乱さず、バランスを保って我慢できた。遊びという単純な行動が、感情を整えるときに保護的な役割を果たすようだ。

よく調べずに見れば、遊んでいる子どもはただ時間をつぶすか、単に楽しんでいるだけで（もちろんそれもよいことだが）、知能を高めるような何かを〝達成〟することや、〝建設的〟な何かをすることはないと思えるかもしれない。

しかし、遊びに関する研究がはっきり示すところによれば、遊びという行為自体に、認知能力と非認知能力の両方にとって、数えきれないほどの利点がある。

遊びは子どもの仕事だ。

遊びは認知のスキルを育て、言語能力と問題解決能力、さらには計画づくりや予測、結果の予期、予想外のできごとへの順応など、高度な実行機能を高める。

その1つひとつが、プラス脳のスキルだ。遊びは統合を促す。

子どもの人づき合いのスキル、人間関係のスキル、言葉を操るスキルまでが、遊んでいるあいだに向上する。

遊び場の駆け引きをうまくやり、ゲームやグループのルールを決めなくてはならないからだ。子どもたちはどうしたら遊びに入れるかを探り出し、思いどおりにいかないときには、ほかの子たちと交渉しなくてはならない。公平さや、順番を守ること、柔軟になること、道徳的にふるまうことを学ぶ。仲間外れにされている子にどう対応するか決めるときには、共感にかかわるむずかしい問題に向き合う。

遊びはこういう社会的な利点だけでなく、心理面、感情面での効果も発揮して、脳のバランスを整える。

子どもは遊んでいるとき、落胆に向き合ったり、注意力を保ったり、世界の意味を理解したりという、自己肯定感につながるさまざまな資質を伸ばすための練習をしている。感情を整えてキレない力と立ち直る力をつけ、思いどおりにいかないときのいら立ちに耐える能力を伸ばしている。

すべては、遊ぶ余裕があるからだ。

スケジュールが詰まりすぎの子どもにバランスを

子どもには1度に1つしか活動をさせないほうがよい？

親たちに遊びについて、そして自由時間とバランスの取れたスケジュールの重要性について話すと、「では、あなたたちの子どもの場合は、どう対処しているの？」と、必ず尋ねられる。

子どもを持つ前のティナは、母親になったら子どもには1度に1つの活動しかさせないと決めていた。スケジュールが詰まりすぎている子どもがいかに疲弊しているかを耳にしていたからだ。そういう子どもたちは家族と過ごす時間がなく、消耗してしまい、親に熱心に勧められたなんらかの活動を嫌うようになる。

すべてなるほどと思えたので、ティナは子どもがダンス教室に通いたがったら、その教室が終わるまでは、それだけをやらせることにした。

スポーツをやりたがったら、シーズンが終わるまでは、ほかのことはやらせない。子どものスケジュールを詰まりすぎにはしないつもりだった（わたしたちは、架空の子どもたちに対しては、常に理想的ですばらしい親になれる！）。

ピアノにスポーツ……どれくらいが「やりすぎ」か？

そして長男が生まれると、ティナは息子が手にできる、ありとあらゆる機会と、息子が示すありとあらゆる興味を目にした。

ほどなく、〝1度に1つの活動〟の公約は試練にさらされた。ティナと夫は、息子にピアノを習ってほしかった。それから彼は、学校の友だちといっしょにカブスカウト（ボーイスカウトの幼年部門）に入りたがった。さらに、運動競技への熱中が明らかになり、毎シーズン、あらゆるスポーツをやりたがった。

ピアノ。カブスカウト。スポーツ。それに遊びの約束、宿題、家族の外出を加えたら、どうやってすべてを予定表に組み込めばいいのだろう？　そして今では3人の子どもがいて、それぞれが自分の機会と情熱を手にしている……！

ダンも、自分の子どもたちで同じ経験をして、音楽の演奏とバレーボールの試合でたくさんのわくわくする日々を過ごした。それは子育てにはつきものだし、子どもたちにこれほどたくさんの多様で楽しい選択肢があることには感謝している。

しかし、どのくらいになるとやりすぎなのだろう？

ここでもやはり、バランスと、それぞれの子どもの個人差の問題になる。スケジュールが詰まりすぎている子どもが、多くの家庭で心配の種になっているのは確かだ。

しかし家庭によっては、スケジュールに余裕がある子どもが、1日に何時間もテレビやタブレットを見て過ごすことが問題になっている。

著者それぞれの子どもたちは進学校に通い、さまざまな活動に参加しているので、ときどきスケジュールが詰まりすぎていないか心配になる。

しかし、何年もかけて、子どもたちの興味について健全なバランスを取ろうとしてきた経験から、現実的で理にかなった判断をしたいとも考える。

子どもたちはたいてい、活発に過ごすのが大好きだし、子どもが健康で、家族全員の活動予定表をぎゅう詰めにしないよう親が調整できるかぎりは、子どもの情熱を満足させ、大好きな楽しい活動に参加させてやりたい。

子どもの過密スケジュールを防ぐ7つの質問

では、どうすればプラス脳のバランスを取れるのだろう？　次の質問は親御さんたちがオフィスを訪れたとき自分に問いかけてみるよう、わたしたちが勧めているものだ。

1. この子はストレスがたまっている？

しょっちゅう疲れていたり、不機嫌だったり、そのほか、追い詰められている、または不安を感じているようなそぶりを見せたりなど、バランスが悪い徴候を示している？

2. この子は忙しすぎて、遊んだり創造的になったりする自由な時間がなくなっている？

3. この子はじゅうぶんな睡眠を取っている？

あまりたくさんの活動にかかわっていると、寝る時間に宿題を始めることになる。これは困った問題だ。

4. この子のスケジュールはいっぱいすぎて、友だちやきょうだいと気ままに過ごす時間

がなくなっている？

5. 家族みんなが忙しすぎて、決まった時間にいっしょに夕食がとれない？

毎食必ずいっしょに食べる必要はないが、ほとんどない場合は心配だ。

6. 子どもにしょっちゅう「急いで！」と言っている？

7. 自分自身が忙しくてストレスがたまっているので、子どもとのやりとりの大半がイライラしたりキレたり、になっている？

これらの質問の答えに1つでも「はい」があるなら、立ち止まって考えてほしい。

2つ以上「はい」があるなら、子どものスケジュールが詰まりすぎかどうか、真剣に考えることをお勧めする。

一方、子どもにスケジュール詰め込みすぎの徴候がまったくないなら、この問題について心配する必要はないだろう。おそらくあなたの子は活動的で、すこやかに成長し、楽しく過ごしている。あなたはプラス脳をはぐくみ自己肯定感を高める健康なバランスを取る方法を、すでに見つけているということだ。

自己肯定感に基づく「キレない力」を育てる方法

「キレない力」を育てる方法1――睡眠をたっぷり取らせる

現代社会は、慢性睡眠不足の人々であふれている。ひどい不安や憂うつを抱える若者が増え続け、その症状の多くは、慢性睡眠不足が原因か、それによって悪化している。

特に子どもたちは、親や学校がよかれと思って、毎日を充実した活動でいっぱいにするせいで、眠りを奪われていることが多い。

皮肉にも親たちはよく、さまざまな教育活動に加えて、子どもが楽しみや家族の時間を持てるよう大いに奮闘する。すると、充実した活動のせいで重要な睡眠が犠牲になり、寝る時間はどんどん遅くなっていく。

睡眠はバランスの取れた脳と体のためになくてはならないので、休息時間の減少は問題だ。睡眠についての最新の研究によると、じゅうぶんな睡眠は、日中の神経の発火でたま

子どもに必要な睡眠時間は？

4～12ヵ月	12～16時間（昼寝を含む）
1～2歳	11～14時間（昼寝を含む）
3～5歳	10～13時間（昼寝を含む）
6～12歳	9～12時間
13～18歳	8～10時間

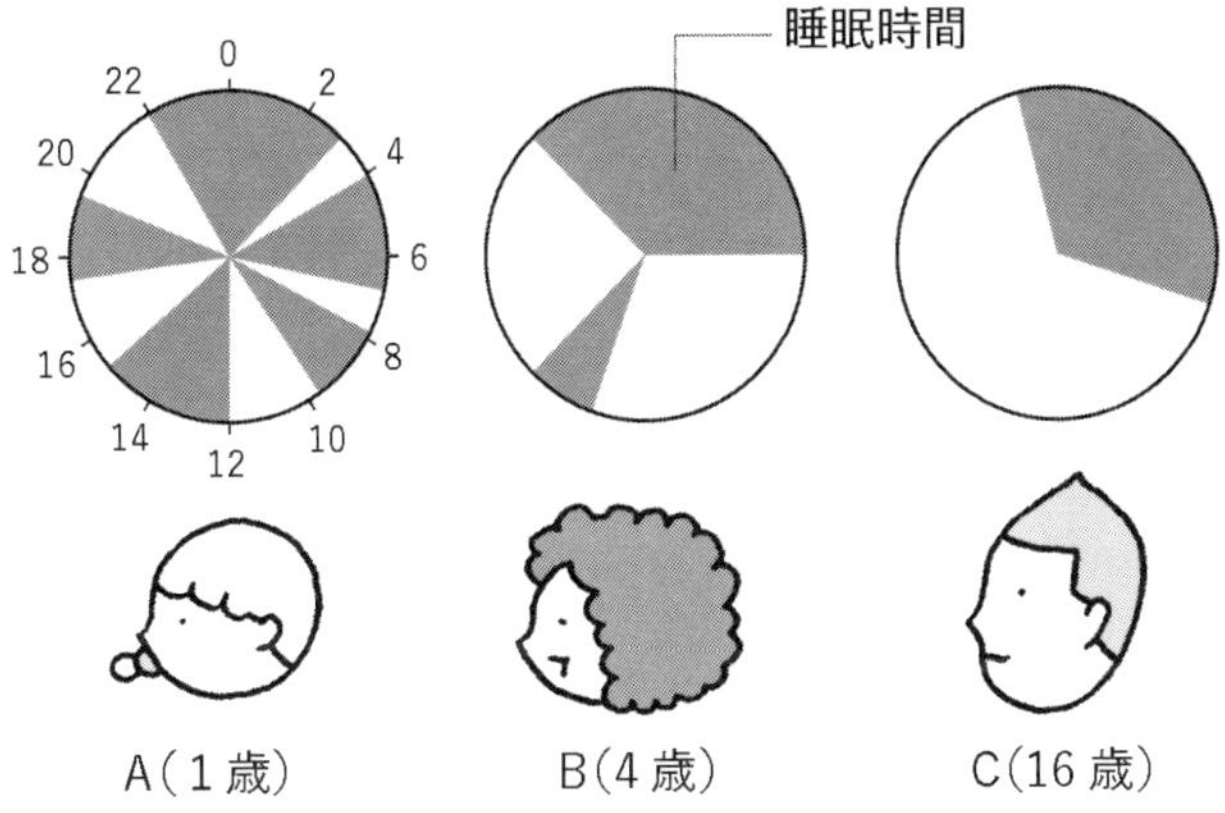

じゅうぶんに睡眠を取らないと「グリーン・ゾーン」がせばまり、子どもはキレやすくなる

ってしまう毒素を掃除し、きれいになった清々しい脳で新たな1日を始められるようにするという。

眠りは、脳の衛生を保っているのだ。

じゅうぶんに取らないと、ありとあらゆる脳と体の働き、たとえば、注意を払う、記憶する、学ぶ、我慢する、柔軟になる、そして食べた食物をきちんと消化する能力にまで不具合が起こる。

成長中の子どもは当然、大人より多くの睡眠を必要とする。アメリカ小児科学会に承認されたアメリカ睡眠医学会のガイドラインでは、それぞれの年齢層で、前ページのような睡眠時間を推奨している。

必要な睡眠時間はかなり長いことがわかる。不足すると、子どものグリーン・ゾーンが狭まり、ますます感情的に爆発しやすくなり、自分の気持ちを整えることや問題を解決することまで苦手になっていく。

あなたの子どもも、疲れて眠りが足りないときにはキレやすくなり、バランスが崩れやすくなるはずだ。だから、子どもに友だちとお泊まり会をしたいと頼まれると、ぼんやりした不吉な、迫りくる不機嫌への恐怖を感じるかもしれない。土曜や日曜の午後に、ブルー・ゾーンやレッド・ゾーンにいる疲れ果てたキレやすい子どもと向き合わされるのは、万国共通の子育ての風景だ。

子どもの眠りを妨げる5つの要因

しかし、子どもを睡眠不足にしてブルー・ゾーンやレッド・ゾーンに入らせるのは、お泊まり会だけではない。眠りを妨げる要因には、ほかにも次のようなものがある。

①詰め込みすぎのスケジュール

活動が多すぎて、家族の就寝時刻が遅くなったり、子どもの睡眠時間が削られたりしていないか考えてみよう（次の「方法2」で具体的な提案をする）。

②混乱した、または騒がしい環境

家庭内や近隣がいつも活発で騒々しかったり、就寝時刻が違うのに部屋を共有しているきょうだいがいたりすると、子どもたちに安定した睡眠を取らせるのがむずかしくなる。こういう状況は、簡単には変えられないかもしれない。その場合は、明かりをさえぎる、子どもが眠ったら別の部屋へ移動させる、騒音を消すためにホワイトノイズ（不規則な心地いいノイズ）を使うなど、くふうが必要になるだろう。

③親の勤務時間

親が仕事で遅くなり、夕食をとって宿題を手伝える時間に戻れないと、子どもの睡眠に影響することがある。ここでも、変えられない状況があるなら、くふうが必要になるだろう。たとえば、きょうだいや隣人に宿題を見てもらうとか、幼い子なら、平日は早い時間に食事をさせて、仕事から帰った親が本を読んで寝かしつけるとか。どういう方法がいちばんうまくいくか、家族ごとに考える必要がある。

④就寝時刻をめぐるゴタゴタ

寝ることをめぐって反発やストレス、怒り、恐れを感じるようになると、脳が眠りと就寝時刻の決まりごと全体に否定的な結びつきをつくるので、子どもはさらに反抗的になることが多い。逆に、眠りに肯定的な結びつきをつくって、子どもがそれを、ストレスといざこざばかりではなく、安全で穏やかな、つながりを感じられるものとして見られるようにしたい。もしかすると、本を読み、添い寝し、そばにいる時間を増やして、就寝時刻の決まりごとを変える必要があるかもしれない。**つながりを大切にすれば、たいてい子どもはもっと早く穏やかに寝入るようになるので、親は自分の時間を増やし、子どもと揉める時間を減らせる。**

⑤クールダウンの時間が足りない

親は子どもの体と神経系を落ち着かせてやる必要がある。人は、ただ覚醒から眠りに移動するのではない。神経系の働きがゆるやかになって、眠りへ移れるようにする〝下方制御〟という過程がある。脳に準備をさせて、体の覚醒した状態を抑えてゆるやかにする時間を与え、子どもが眠りにつけるようにしなければならない。

眠りとバランスのこの関係は、もちろん子どもにだけ当てはまるわけではない。あなた自身の経験について考えてみよう。**睡眠不足だと、イライラしやすく、自分の感情を整えるのがむずかしくならないだろうか？**

子どもとの違いは、大人が何年もかけて、疲れたときも自分を抑える練習をしてきたことだ。いつもうまくできるわけではないが、大人はじゅうぶんに発達した脳を持ち、その部分を伸ばすたくさんの機会を得てきた。だからたいていは、睡眠不足になったときの自分の欠点に気づき、自分をうまく監視できる。しかし子どもは瞬く間にレッド・ゾーンやブルー・ゾーンに移ってしまうことがあり、自分で簡単にグリーン・ゾーンに戻るスキルがまだじゅうぶんに発達していない。

だから、夜間に子どもがぐっすり眠れるようにするための方法を考えて、子どもが日中もっと感情を整え、ふるまいを抑えられるようにしてあげよう。

「キレない力」を育てる方法2――「心の健康プレート」をつくる

アメリカ農務省は、食事のガイドラインを「食品ピラミッド」から、必要な修正を加えた「マイプレート」に切り替えた。体の健康を最適に保つための食生活の指針として、すべての食品グループ（果物、野菜、タンパク質、穀物、乳製品）をバランスよくのせた皿を絵で示したものだ。

では、子どもの健全な精神と感情のバランスをつくるには、毎日どんなものを皿にのせたらいいだろう？　どんな経験をさせれば、子どもの（そして大人の）脳を統合へ導いて、家族と地域社会に加わり、違いを尊重し、互いへの思いやりに満ちたつながりをつくる役に立つだろう？

これらの質問に答えるため、ダンと、企業コンサルティング界の第一人者デイビッド・ロックは、「心の健康プレート」をつくった。これは、7つのもっとも重要な毎日の精神活動（先ほど強調した遊びと睡眠を含む）からなり、脳の質を高めてバランスと快適な暮らしを達成するためのものだ。

①集中の時間――目的に向けて作業にしっかり集中するとき、人は脳に深いつながりをつ

くる挑戦をしている

②遊びの時間——のびのびと独創的になり、新しい経験を遊びながら楽しむとき、人は脳に新たなつながりをつくっている

③つながりの時間——まわりの人と親しくつながるとき、周囲の自然界とのつながりに感謝するとき、人は脳のつながりの回路を活性化させ強化している

④運動の時間——有酸素運動（できれば）で体を動かすとき、人は多くの点で脳を強くしている

⑤思索の時間——心のなかで静かに考え、感覚、イメージ、気持ち、思考に集中するとき、人は脳の統合を促している

⑥くつろぎの時間——特に目的なく、集中しないで、心をさまよわせるか、ただくつろいでいるとき、人は脳を充電している

⑦眠りの時間——脳に必要な休息を取らせているとき、人は学んだことを整理し、その日の経験から回復する

以上7つの活動が、脳と人間関係が最適に機能するのに必要な「心の栄養」の一式となる。それぞれの機会を毎日子どもに与えることで、脳の活動を調整してバランスを取り、生活のなかで脳の統合を促し、まわりの人や世界とのネットワークを強める。長期間この

どれかに過不足があると、問題が起こるかもしれない。

そこで、「キレない力を育てる方法2」は、子どもの日々の経験とスケジュールを見直して、心の健康プレートにのっているさまざまな必要をきちんと差し出せるようにすることだ。

たとえば、ある子どもは、学校でたくさんの集中の時間とともに、たっぷりと遊びの時間とつながりの時間を持っている。ダンス教室に通ったりスポーツをやったりして、運動の時間を楽しんでいる。

しかし、家族のふだんの週間予定を見てみると、子どもがじゅうぶんなくつろぎの時間や思索の時間、眠りの時間を取っていないことに気づくかもしれない。

もっと内省的な子は、多くの時間を静かに集中して過ごし、たっぷりとした思索の時間を楽しんでいるだろう。しかし、体を動かす運動の時間か、友だちと遊ぶ時間が、もっと必要な場合もある。

あるいは、親が成績を重視しすぎて子どもに集中の時間を多く求めすぎ、他の活動にかける時間がじゅうぶんに取れなくなっているかもしれない。

オールAを取ってあらゆる課題を完璧にこなせる子どもはまれだということを、忘れないでほしい。親がほかの何よりも学業成績を重視すれば、子どもはほかに何をしてもじゅうぶんとは感じられなくなる。

児童心理学者で作家のマイケル・トンプソンが話を聞いたたくさんの子どもやティーンエイジャーは、**親が自分よりも、自分の成績を大切にしていると感じていた。**全体的な焦点が、発見の旅ではなく決まった目的地に絞られ、努力よりも結果が重視されている。これほど多くの若者が高まる不安や憂うつに悩まされるのも不思議ではない。

先ほどの睡眠時間のゆるいガイドラインを除いて、心の健康プレートの各活動に決まった時間はない。心の健康をつくる正確なレシピはないからだ。子どもには個人差があり、時間とともに必要も変わる。

重要なのは、毎日わずかな時間でも、子どもの精神の健康に適切な材料を与える努力をすることだ。**何日も連続してピザを食べさせたくないのと同じように、睡眠時間を削って、集中の時間ばかり取らせてはいけない。**

ここでも肝心なのは、1日のなかで、7つの重要な精神活動のバランスを取ることだ。バランスと精神の健康は、まわりの人や世界とのつながりを強め、脳内のつながりを強めてくれる。

ところで、子どもの生活のバランスに真剣に取り組もうとするとき、ママ友などがめざす方向に行かない選択をするのがむずかしいこともある。

学習塾や習いごとを減らして、その後の成り行きをただ信じ、子どもに自分の道を進ま

せるのは恐ろしいと感じるかもしれない。

けれど、子どもの成功についての狭い定義から抜け出す許可を、自分に与えてみてほしい。〝成功のランニングマシン〟から降りて、子どもと家族にとって最善のことをする許可を。

そして、心の健康プレートを見直そう。

7つの精神活動に偏りなく注意を向ければ、さまざまな方法で脳を発達させるたくさんの機会が得られる。心の健康プレートを頭に置いておき、それを子どもに教えるだけで、毎日バランスと心の健康を意識して整えていけるだろう。

「キレない力」とバランスを子どもに教えよう

こんなふうに実際に子どもと話してみよう

バランスの取れた脳という考えかたは、子どもに教えられるコンセプトだ。脳のバランスと、プラス脳について子どもと話せば、心と情緒の健康についての基本的なコンセプトを理解させるのに役立つ。また、心と、家族のスケジュールの全体的なバランスの大切さを理解すればするほど、バランスが崩れたときにしっかり対応できるようになる。

会話のきっかけにしてもらうために、子どもといっしょに読んで、自分のプラス脳について教えられるセクションをつくった。このあとの各章の終わりにもつけてある。

このセクションは、5歳から9歳くらいの子どもたちを念頭に置いて書いたが、自分の子どもの年齢と発達段階に合わせて自由にアレンジしてかまわない。

何もかもうまくいってて、自分がちゃんとできてると思えるとき、どんなふうに感じるかはわかるよね？　それは、グリーン・ゾーンのなかにいるってことだ。

でもときどき、ゴチャゴチャな気分になってしまうことがある。頭にきたり、怖くなったり、イライラしたりするかもしれない。泣いたり叫んだりしたくなるかもしれない。それは、レッド・ゾーンのなかにいるってことだ。

それとも、もしかするとゴチャゴチャな気分になったとき、みんなから離れて、1人で静かにしていたくなるかもしれない。もしかすると、体が伸びたラーメンみたいにぐんにゃりするかもしれない。それは、ブルー・ゾーンのなかにいるってことだ。

ゴチャゴチャな気分になって、グリーン・ゾーンに戻りたいと思ったとき使える、簡単な方法を教えよう。

片方の手を胸に、反対の手をお腹に置く。今、試してごらん。

片方の手を胸に、反対の手をお腹に当てて、座ったまま息を吸ってみよう。

ゆったりした気持ちになるのがわかるかな？

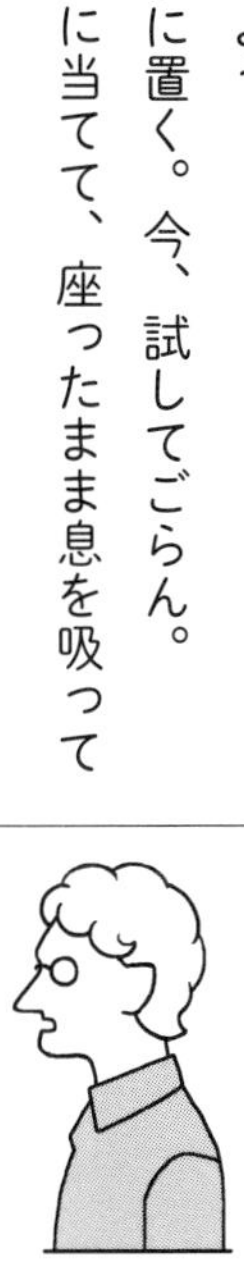

夜が来て、眠くなって、まぶたが重くなって、体がだらんとしてきたら、この方法をまた練習してみよう。それから毎晩、寝る前にまた練習して、どのくらいゆったりした気持ちになるか見てみよう。

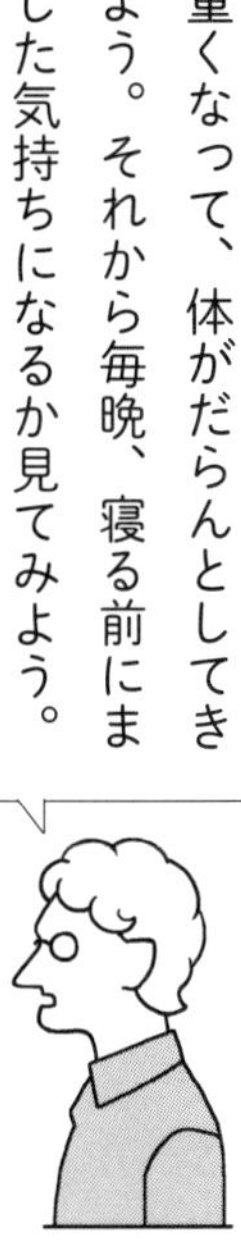

オリビアは、学校の友だちが遊びに誘ってくれなかったとき、この方法を使ってみた。

仲間外れにされてがっかりして、ブルー・ゾーンに入ってしまいそうな気分だったわ。涙が出てきて、消えてしまいたくなったの。

でも、ブルー・ゾーンの気分だとわかったとき、手を胸とお腹に当てて、ゆったりした気持ちを思い出そうとした。

すぐに気分がよくなってきて、グリーン・ゾーンに戻れた。

まだ少し悲しかったけど、自分はだいじょうぶだとわかったわ。

次に何かのせいで悲しくなったり、カッとしたり、怖くなったりしたら、この方法を使おう。練習すれば、いつでもそうしたいときにこれを使って、グリーン・ゾーンに戻れるようになる。

あなた自身の「キレない力」を高めよう

自分のバランス感覚を探る3つの質問

ここで少し時間を取って、自分自身の人生にどのくらいのバランスが感じられるか、考えてみよう。以下に、自分のバランス感覚を探るのに役立つ3つの質問を挙げておく。答えを書き留めておきたくなるかもしれないし、この質問にどんな影響を受けたかについて親仲間と話したくなるかもしれない。

1．自分の「グリーン・ゾーン」について考えてみよう。

そこからどのくらい離れやすい？　レッド・ゾーンやブルー・ゾーンに入ってしまったら、戻ってくるのがどのくらいむずかしい？　もちろんこれらの質問は広い意味でとらえていいが、おもに子どもとのやりとりに意識を置いてほしい。ふだんは、どのゾーンで生活している？

2. 子どもとの関係で、どのくらい「統合」ができているか考えてほしい。

無関心になりすぎて感情面で子どもを置き去りにしていないか？　逆に過保護になっていないか？　どのくらいの割合で、子どもと感情的につながって支えになりながら、別の人間でいられるスペースを与えている？（年齢とそれぞれの気質に合わせて）

3. あなたの「心の健康プレート」はどんな感じか？

日々のスケジュールのなかで、どんなふうに時間とエネルギーを使っているかを考え、プレートを見直してみよう。

これを念頭に置いて、1日の時間の大半をどう使っているか考えながら、自分のプレートを描いてみよう。円を描き、1区分を1時間として24に区分された円グラフにする。毎日何時間を睡眠、運動、つながり、その他に使っているか？

自分の1日の時間を考えたとき、どの活動がいつも軽く扱われているか？

わたしたちはここで、非現実的になるつもりはない。当たり前だが、親は健康的な時間の配分に簡単に取り組める環境にはいない。

幼い子どもを持つ親は、特にそうだ。食べたりトイレに行ったりする時間を見つけるのさえむずかしく、ましてや、じゅうぶんな睡眠や思索の時間など（プレートを描く時間も）取れないかもしれない。よくわかる。わたしたちもそうだったのだから。

しかし、今はどれほど非現実的に感じられても、自分が生活のなかでどのくらいバランスらしきものを維持できているかを評価するのは役に立つ。

何を逃しているか――眠りか、運動か、ひとりになる時間か、くつろぎの時間か、ほかのなんらかの活動か――を見てみるだけで、今は満たされていない個人的な必要をとらえることができる。

少なくともこの先それを満たすにはどうすればいいかを考える機会が得られる。親自身のキレない力は、子どもにとって望ましい親になるためにとても重要だ。

もちろん、脳のバランスを取ることは、子育て中には、そう簡単に達成できない。

しかし、バランスを取って自分のなかに自己肯定感を育てることをめざせれば、きっと愛する人たちにも同じことができるようになる。

第2章

自己肯定感を高める②「立ち直る力」

転んでもすぐに起き上がる子がやっている習慣

何もかもが心配で、パニックになる9歳の女の子

「もしかして起こるかもしれない問題」にとらわれる心理

アラーナはとても賢い9歳の女の子で、明らかにいろいろな才能に恵まれているのに、いつも不安に悩まされていた。

何もかもが、心配だった。学校のテスト、友だちづき合い、地球温暖化、ママが死んでしまったらどうしよう、飼っているモルモットが元気かどうか。

両親は、アラーナをティナのところへ連れてきた。ついに不安が激しいパニック発作となって現れ、日常生活を妨げて、本人をひどく苦しめるようになったからだ。もっと悪いことに、慢性的な健康問題も抱えていた。医者によれば、〝すべて心理的なもの〟だった。

ティナは、アラーナといっしょに過ごすうちに、この若い患者がもとからとても潔癖で、性格的に完全主義になりがちなことを知った。アラーナは、生活のほとんどの場面で〝不

安に駆られる〟のだった。

ティナはその不安の悪循環に気づいた。アラーナは、もしかして起こるかもしれない問題にとらわれ、次にその問題に取り組むのに苦労し、次にうまく取り組めなかったことを心配してしまう。

たとえば、ある日、家にお弁当を忘れてきてしまった。友だちとランチを食べるときに食べ物がなくて恥をかくことが心配になり、それからお腹がすきすぎて授業をきちんと聞けなくなることを心配し始めた。そうなると宿題がうまく解けずに、次のテストで悪い成績を取ってしまう。こういう不安がひどく悪化して、アラーナはパニック発作を起こし、しょっちゅう長時間にわたって学校のトイレに閉じこもるようになった。

この不安の悪循環が、マイナス脳をつくって、アラーナの自己肯定感を低くしていた。ニューロンの発火がそういう状態だったので、障害にぶつかったとき、ほんの小さな失敗をしたときでも、いつも身がすくんでしまった。

章の後半でアラーナの物語に戻り、このケースでティナが使った方法と、どうやって統合されたプラス脳の状態、自己肯定感の高い状態に戻る手助けをしたかについて説明する。

しかしまずは、自己肯定感の4つの力の2番め、「立ち直る力」を紹介したい。第1章では、子どもたちがキレない力をはぐくんでグリーン・ゾーンにうまくとどまるための方法について説明した。ここでは、立ち直る力とやり抜く力を高める方法を見てみよう。グリーン・ゾーンにとどまるだけでなく、そのゾーンを広げて強化するということだ。

むずかしい状況や不快な感情に対する許容の窓を広げれば広げるほど、ものごとが思いどおりにいかなくても取り乱さず、逆境に向き合えるようになる。立ち直る力は、レッド・ゾーンやブルー・ゾーンから、どれほどすばやくグリーン・ゾーンの穏やかな状態に戻れるかということでもある。

マイナス脳で**自己肯定感の低い状態にあると、子どもは予測できない複雑な事態に怖じ気づいて、体や感情、意志をコントロールできなくなる。**

だから親は子どものなかに、立ち直る力を育てて、逆境や失敗に向き合うためのスキルがあることを教えたい。そうすれば、長続きする本物の成功をもっとしっかり味わえるようになるだろう。たとえ計画どおりにいくとはかぎらない、ストレスに満ちた、ペースの速い、高い期待にあふれる世界で成長していくのだとしても。

子どもに「グリーン・ゾーン」への戻りかたを教える

問題行動は、子どもからのSOS

まず、子どもが不愉快なふるまいをしたとき、どう対応するのがいちばんいいか考えてみよう。

多くの親は、好ましくないふるまいを消すことが目的と考えている。しかし、ふるまいとはコミュニケーションであることを忘れないでほしい。子どもの問題行動は、じつはメッセージで、子どもはこう言っている。

この部分のスキルを育てる手伝いをしてほしいの。
まだうまくできないから。

子どもが苦労しているとき最初にめざすべきなのは、一刻も早く悪いふるまいを取り除くこと、ではない。

そこで、子どもが苦労しているとき最初にやるべきなのは、悪いふるまいを取り除くことではなく、次にもっとうまく対処するためのスキルを見つけてあげることだ。

もちろん、問題行動はできるだけ抑えたい。親はみんなそう思っている（信じてほしい、著者のどちらも、あなたと同じようにあらゆる段階で子どもたちのふるまいの多くを取り除きたいと思ってきた）。なにしろ、子どもがキレたときはいつだって、本人も、親も、家族みんなもつらいのだから。

しかし、子どもが自己肯定感を高める手助けをしてやりたいなら、問題行動を目の前から消すよりも、子どもが自分でグリーン・ゾーンに戻るためのスキルを教えたい。

グリーン・ゾーンから離れにくくして、思いどおりにいかないときもそこへ戻れるスキルを育ててやれば、落ち着いた快適な状態でいられるようになり、子ども自身だけでなく、親や家族みんなの生活がもっと楽しくなる。古代ギリシャ人がエウダイモニアと呼んだ幸福の、心の平静という側面だ。

心の平静とは、その人がいつも落ち着いているという意味ではない。スキルと敏捷《びんしょう》さを持って、自分の感情の波に乗る方法を学んでいるということだ。

ひっくり返っても、起き上がってサーフィンを続けるためのスキルを学んでいる。立ち直る力とは、いつまでも子どもに与え続けることができる贈り物だ。

古いことわざにあるように、人に魚を与えれば、1日で食べてしまう。人に釣りを教えれば、一生食べていける。

悪いふるまいを消そうとするのではなく……

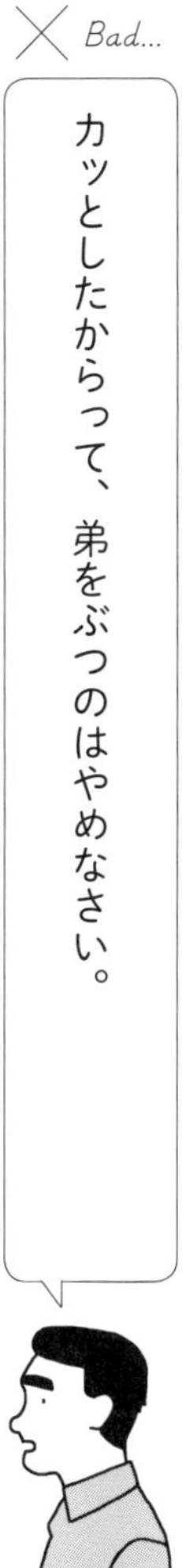
Bad...
カッとしたからって、弟をぶつのはやめなさい。

「立ち直る力」と幸福につながるスキルを育てよう

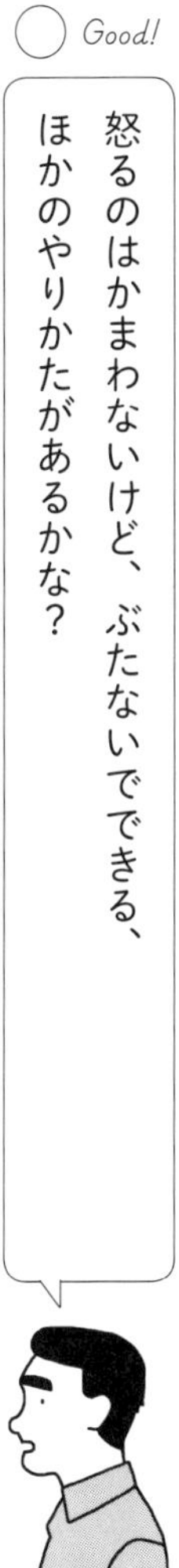
Good!
怒るのはかまわないけど、ぶたないでできる、ほかのやりかたがあるかな？

クラスメートとの「けんか」が絶えない4歳の息子

ある母親は、この〝問題行動はコミュニケーション〟のコンセプトを使って、4歳の息子ジェイクが起こしたトラブルにうまく対処した。

ある日、幼稚園の先生が電話してきて、ジェイクがしょっちゅうクラスメートとけんかしていると話した。遊び場でほかの子がボールを取ると、ジェイクはどうしても自分の番を待てず、ボールを奪って柵の向こうの通りに蹴り出してしまう。鬼ごっこをしていると、ジェイクはたびたびカッとなって、つかまると暴れることもある。

もし母親がこの問題を〝消去〟という点から見ていたなら、ジェイクが思いどおりにいかないとき衝動的、反抗的にふるまうのをやめさせるために、ごほうびを約束するか、お仕置きすると脅したかもしれない。親や先生がもっともよく使う方法だ。ふるまいだけに注目し、ごほうびシールやその他のアメとムチを使う方法で、悪いふるまいを消そうとする。

しかしこの母親は、ジェイクの状況を脳の発達という点から見た。**その問題行動が、スキルの不足を伝えていることに気づいた。**つまり、息子は分け合ったり順番を待ったりするのが苦手で、まだ勝ち負けにこだわらない気のいい子になる方法がわからないのだ。

だからといって、**〝問題児〟**とはかぎらない。ただ親が、順番を待ったり、ほかの子とうまく遊ぶ力を伸ばす練習をさせてやる必要があるだけだ。そこで母親と先生は相談し、すばやく簡単に練習できる方法を思いついた。

たとえば、遊びの計画をいっしょに立てる、交代で先生役をするロールプレイをさせる、人形とフィギュアを使って分け合ったり順番を待ったりするお話をいっしょにつくる（「ジェイク、バットマンにお友だちと分け合うことを教えてあげましょう」）などだ。

よかれと思った「親のひと言」が思わぬ結果に

同じ方法が、ほかの子どもたちにも使えるかもしれない。もしあなたの11歳の娘が、友だちと泊りがけのキャンプに行きたいけれど一晩家を離れるのを怖がっているとしたら、その子はあなたから離れることに耐えるためのスキルを必要としている。

何度か友だちや祖父母の家に泊まりに行けば、その領域の立ち直る力をはぐくむのに役立つかもしれない。反対に、もしこんなふうに言ったらどうなるだろうか。

> 何も心配することないよ。
> もう大きいんだから、そのくらいできるでしょう？

よかれと思って言うのはわかるが、こういう親の反応で子どもは気持ちをあからさまに否定されて、混乱したまま、自分で解決策を探る能力に自信が持てなくなり、安心する方法がわからなくなってしまう。しかも、一生役立つスキルを育てる機会が失われてしまう。

ただ問題を消そうとするのではなく……

Bad...

1泊のキャンプで心配することないよ。
もう大きいんだから、そのくらいできるでしょう?

ふるまいをコミュニケーションと考えて、スキルを育てよう

Good!

怖いのはわかるよ。どこかへ泊まりに行く計画を立てて、
家から離れる練習をしてみよう。

子どもの問題のあるふるまいを、まだこれから育てるべきスキルがあることを伝えるコミュニケーションと考えれば、親の反応はもっと変わってくるだろう。

この視点を持てば、子どもがただ大騒ぎして親をつらい目に遭わせているわけではなく、助けを必要として苦労していることがわかるからだ。

こういう考えかたは、信頼に基づいた子育てを可能にする。スキルを育て発達を後押しするにつれて、子どもの脳に立ち直る力と意義深い人生を送るためのさまざまなつながりができることがわかってくる。

子どもが賢く逆境に向き合うために必要なこと

バランスを取って「グリーン・ゾーン」にとどまるには

立ち直る力をはぐくむとは実際にはどういうことなのか、考えてみよう。

わかりやすい見かたをするなら、それは臨機応変に人生の問題に取り組み、強さと明瞭さを持って切り抜けていくことだ。すべては、「受け入れやすさ」と「キレやすさ」に戻ってくる。キレやすさは立ち直る力を妨げ、受け入れやすさは立ち直る力を伸ばす。

だから、**子どもに賢く健全な方法で逆境に向き合うことを学んでほしいなら、まずは受け入れやすさを育ててやることだ。**

キレやすい子どもは、まわりの環境に流されてしまう。できるのはキレることだけだ。

しかし受け入れやすさがあれば、周囲からの情報を観察して評価してから、どう反応するかを前もって考えられる。それがグリーン・ゾーンにいるときだ。

だから短期の目標は、混乱したときにも、うまくバランスを取ってグリーン・ゾーンにとどまれるようにしてやることだ。グリーン・ゾーンにいれば、ものごとを受け入れやすくなり、きちんと判断したり、結果を考えたり、協力的なコミュニケーションが取れることに気づいてほしい。

つまり、グリーン・ゾーンにいる子どもは感情的になってもバランスが取れているので、2階の脳にずっとアクセスしやすい。よく発達した2階の脳と大きく頑丈なグリーン・ゾーンは、失敗や逆境に向き合うカギになる。

したがって、わたしたちの長期の目標は、時間をかけて子どものグリーン・ゾーンを

子どもがレッド・ゾーンにいる自分を知る。そして親は、グリーン・ゾーンに戻る手助けをしよう。

広げることだ。それが立ち直る力を育てることになる。

「感情の嵐」に子どもといっしょに立ち向かおう

子どもが困難と向き合えるよう許容の窓を広げ、苦痛や逆境にうまく立ち向かう能力を高めてやりたい。

目的は、レッド・ゾーンやブルー・ゾーンを完全になくすことではない。それどころか、どちらかのゾーンに入ることがどうしても必要になることもある。危険な状況など、本当の脅威に対して生き残るための適応反応が必要なときなどだ。

しかし**子どもには、いつグリーン・ゾーンを出るべきなのかを判断し、人生の大半**

親はできるだけ子どものグリーン・ゾーンを広げてあげよう。

許容の窓を広げるとは、１つには、子どもを逆境に向き合わせ、失敗もさせるということだ。

をその穏やかで心地よい場所で過ごすための能力を高めてもらいたい。

許容の窓を広げるとは、1つには、子どもを逆境に向き合わせ、落胆やその他のネガティブな感情を味わわせ、失敗もさせるということだ。

そうすることで、やり抜く力と忍耐力が育つ。立ち直る力と自己肯定感を育てるうえで重要なのは、この先必ず困難なときやつらいときがあると教えることだ。

そして、子どもがむずかしい感情や状況のなかにいるとき、いっしょに苦しいときをくぐり抜け、感情の嵐のさなかでもきちんと判断できるよう立ち直る力を育てる手助けをしてあげよう。子どもが、こんなメッセージを感じてくれればいい。

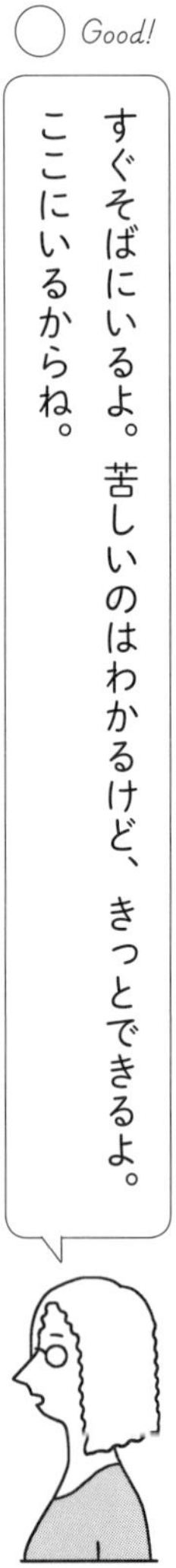
Good!
すぐそばにいるよ。苦しいのはわかるけど、きっとできるよ。ここにいるからね。

いら立ちや失敗に耐えて進むうちにさらに強く賢くなって反対側へ抜け出せることを、愛情をこめて教えれば、子どものグリーン・ゾーンを広げられる。

ときには子どもの失敗を黙って見守る

グリーン・ゾーンを広げるには、次のような簡単な手助けをしてあげるといい。

「グリーン・ゾーン」を広げるために……

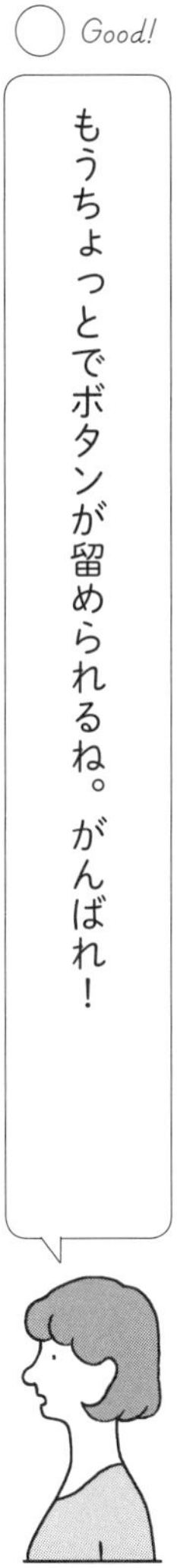
Good!
もうちょっとでボタンが留められるね。がんばれ!

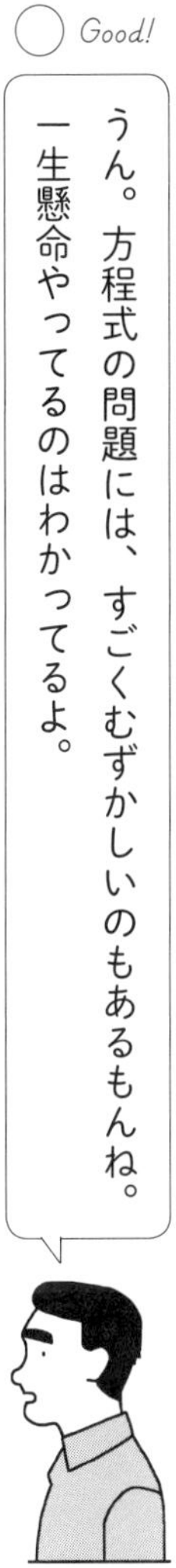
Good!
うん。方程式の問題には、すごくむずかしいのもあるもんね。一生懸命やってるのはわかってるよ。

もっと複雑な、またはつらい問題が起こるかもしれない。愛するペットが死んだことを7歳の息子に伝えたあと、次にすべきなのは、いっしょに座って、息子が泣きながらペットの大好きだったところを話し続けるあいだ抱き締めることかもしれない。

あるいは、**12歳の娘の親友たちが、「もうランチのとき、いっしょに座らない」と言っ**

たとき、あなたは、その子たちの親や学校に電話して、娘を仲間に入れるように言うのをぐっと我慢しなければならない。かわりに、ただ娘のそばにいて、これまで知らなかったつらさを味わうあいだ支えてやったあとで、問題解決を手伝ってあげよう。

つまり、子どもが傷つき失敗したとき、そこから救い出したり、立ち直る力を育てるその貴重な経験を奪ったりすることなく、黙って見ていなければならないことがある。そしてそういうとき、気持ちに寄り添いながらそばで慰めてあげれば、今よりもっとグリーン・ゾーンを広げることができる。

そういう経験は子どもの記憶システムに刻まれる。次にむずかしい状況になったとき、記憶の一部が作動して、問題に立ち向かい切り抜けた、その経験を思い出せるだろう。

「後押しとクッション」——子どもが困難に立ち向かうとき

子どもの背中を押す「適切な」タイミング

グリーン・ゾーンの拡大について親御さんたちと話すと、必ず同じ質問が出てくる。

どうすれば、いつ子どもに自分で立ち向かわせて、いつ口を出して助けてやればいいかがわかるんですか？

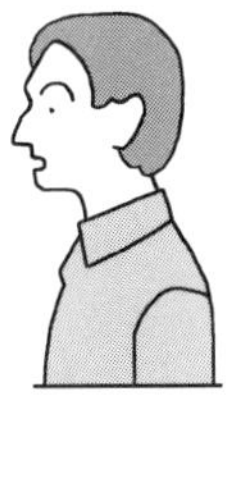

ティナの教え子の1人が、その方法をひと言で表すいいフレーズを考えた。
「後押し《プッシュ》とクッション」だ。

ときには、子どもがいつも以上の力を出して挑戦するのを見守らなければならない。自分の殻を破るために、いつもとは違う状況や挑戦に向き合ってみるよう勧めなくてはなら

親が立ち入って問題解決すれば、子どもがむずかしい状況に向き合い、自分で解決する機会を奪ってしまう。

ない。それが「後押し」の部分だ。立ち直る力、強さ、たくましさ、やり抜く力を養う挑戦をあえてさせること。もちろん、肝心なのは子どもが能力を限界まで高める後押しをすることで、文字どおり体を押すことではない。

親が立ち入って、子どもが自分で解決できる問題から救い出してしまうと、むずかしい状況に向き合う方法や、うまく解決する自分の力を知る機会を奪ってしまう。

先生のところに相談に行ったり、友だちといっしょに問題に取り組んだりするのは、すばらしい学びの機会になる。後押しとは、たとえはっきりした態度を取ることや新しい挑戦をすることに不安があっても、自分の意見を主張できるよう、そして礼儀正しく強い人間になれると理解できるよう教えることだ。**自分で挑戦してみれば何かができることを、子どもは学ぶ。**

ときには子どもの「クッション」になり、そばで支える

しかしそれは、子どもがあまりにも大きな苦しみに神経系をおびやかされて、レッド・ゾーンやブルー・ゾーンに入ってしまうことがない場合だけだ。

神経系があまりにも不愉快な苦しみを経験しているとき、心の準備ができていないのに親が後押しをしすぎると、逆効果になり、子どもはもっとおびえて、グリーン・ゾーンを広げるどころか縮めてしまうかもしれない。

ときには子どもが心から親の「クッション」を必要とすることもある。大きすぎる障害や、自分には歯が立たない問題にぶつかったときだ。本当に、1人ではその問題をうまく解決できないでいる。

もしかすると、あなたの3歳の息子は、公園でみんなと集まってランチを食べるとき、ほかの子といっしょに座る準備がまだできていなくて、仲間に加われるようになるまであなたがとなりに座ってあげる必要があるかもしれない。

あるいは、3年生の娘が、その日の午後ハロウィーンの看板で怖い絵を見たので1人で寝るのが怖くなり、うとうとするまであなたにそばにいてもらいたがるかもしれない。

あるいは、中学生の息子は、歴史の先生にあまりにもたくさんの宿題を出されてほかの活動や睡眠を削られているので、あなたが立ち入ってもっと詳しく知る必要があるかもしれない。

子どもの能力を超えている場合は、1人で切り抜けるよう求めてはいけない。

だから、子どもが1人では歯が立たない大きすぎる挑戦に向き合っているときは、全力で支えてあげよう。ときには困難に立ち向かう後押しをし、ときにはクッションになり、そばで支えていることを感じさせてあげよう。

脳とは、結びつける機械であることを忘れないでほしい。後押しで、子どもの脳がむずかしい挑戦を快感と結びつけるか（「やった！」「そんなに悪くなかった、なんか楽しかった」など）、それとも次に何かを試す気がさらにしぼんでしまうネガティブな結びつきができるか、だんだん予測できるようになるだろう。

子どもにとって大きすぎるネガティブな経験になりそうだと思ったら、小さなクッションを用意して、目標に向かって少しずつ進ませてやろう。

ときには、親が「後押し」する必要がある

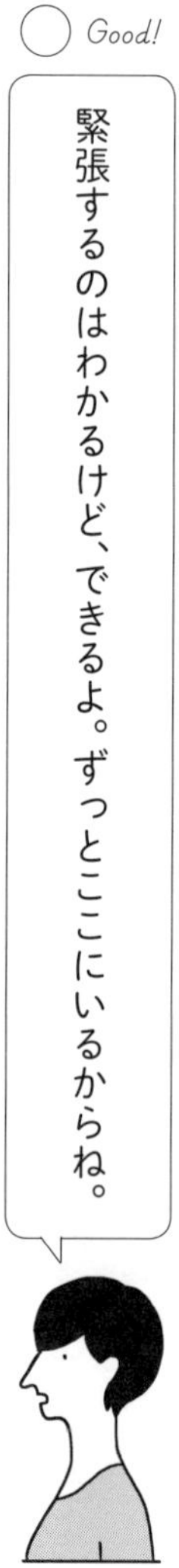
Good!
緊張するのはわかるけど、できるよ。ずっとここにいるからね。

ときには、親が「クッション」になる必要がある

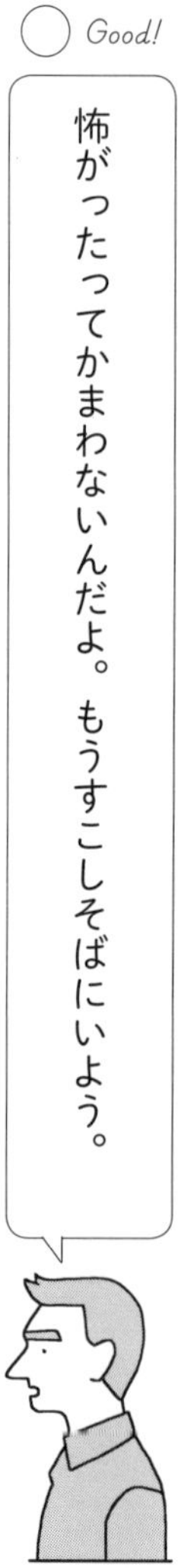
Good!
怖がったってかまわないんだよ。もうすこしそばにいよう。

では、どうすれば適度なバランスを取って、〝ちょうどいい〟加減を見つけられるのだろう？　いつ後押しをして、いつクッションになればいいのか？

確かに、簡単ではない。オフィスを訪れる親御さんたちに説明するときには、次の5つの質問に答えてもらっている。

今、必要なのが、「後押し」か「クッション」かを判断する5つの質問

1．その子の気質、発達段階は？　今、何を必要としている？

子どもがむずかしい状況にぶつかったとき、感情だけでなく体にも苦痛を感じることを忘れないでほしい。あなたにはほんの小さな1歩に思えることも、子どもは高くそびえる絶壁から飛び降りるように感じるかもしれない。

子どもがどう反応するか、目を配っていよう。あなたが考える子どもの感じかたではなく、子どものそぶりやコミュニケーションで見える実際の内面の経験に合わせよう。

2．本当の問題は何か、はっきりわかっている？

どんな要素のせいで、子どもはその困難に向き合ったり、その挑戦に取り組んだりするのをいやがっているのだろう？　外泊が怖いのは、あなたと離れたくないからだ

と決めてかかっているかもしれないが、もしかするとおねしょをしたらどうしようという恐れと関係があるのかもしれない。あるいは、水泳チームに入りたがらないのは、運動を一生懸命やる気がないからだとあなたは考えているかもしれないが、人前で競泳用水着を着る恥ずかしさに関係があるのかもしれない。だから、子どもと話して、本当の問題が何かをはっきりさせよう。それから、問題解決を助けてあげよう。

3. 冒険や失敗をすることについて、どんなメッセージを伝えている?

大人としてあなたはすでに、思いきって跳び、しくじったときにどれほど多くのことを学ぶかを知り、すべての間違いが、成長する機会であることに気づいている。しかし、その重要な人生の教えを、子どもに伝えているだろうか? 冒険することについて、どんなメッセージを伝えているだろう? 家族のなかで、ちょっとした失敗が学ぶ機会として受け入れられているだろうか? 知り合いのある父親は、少し慎重な性格の9歳の息子を毎日学校の前で車から降ろすとき、「きょうは冒険してごらん!」と声をかけている。このメッセージはすべての子どもにふさわしいわけではないが、この用心深くじっくり考える男の子にとっては、自己肯定感につながるぴったりの言葉だ。自己肯定感は勇気を育てて、力を与え、誰かの手助けがあっても自分1人でも、常に学びを受け入れられることに気づかせてくれる。

4. あなたの子は、起こるかもしれない失敗に向き合うためのスキルを必要としている？

繰り返すが、目的は子どもを失敗から守ることではなく、逆境を乗り越えられるスキルを育てることだ。そういうスキルの1つに、困難の克服とは長いプロセスの一部だと気づく能力がある。つまり、何かがむずかしいからといって、自分に間違ったところがあるとはかぎらないと気づくことだ。そこで、子どもに教えるべき優れた教訓は、心理学者キャロル・ドゥエックの〝まだ〟というコンセプトだ。

子どもが「できない」とか「したくない」と言うとき、「まだ」という言葉をつけ加えさせるだけでいい。これは、できるかもしれないという大きな力への心構えをつくる。自己肯定感に満ちた状態と、準備をして成功に向けてがんばり続ける気持ちさえあれば、きっとうまくできるという考えに基づいているからだ。

5. グリーン・ゾーンに戻り、それを広げるツールを子どもに与えている？

子どものなかに育てるべき重要なスキルの1つに、レッド・ゾーンやブルー・ゾーンに入ってしまったとき、自分を落ち着かせて気を取り直す能力がある。先ほど紹介した手軽で有効なツールは、片方の手を胸に当て、反対の手をお腹に当てて、ゆっくり深く息を吸うことだ。これだけで、苦痛を和らげる大きなツールになる。すると、

当然のことだが、問題解決が好きで楽しめる子もいれば、
冒険や未知のことにひどく不安を感じる子もいる。

どんな挑戦をするかについて、もっと賢く勇敢な決断が生まれてくる（こういうスキルについては、本章と本書の後半で詳しくお話しする）。

これらの質問は、後押しとクッションのどちらで対応するかを決めるとき、自分の子がどんな状態か、そして自分がどんな状態かを心に留めておくのに役立つ。

子どもがキレたとき、親はできるだけ意図的に思慮を持って対応したいと思う。子どもはみんな、恐れや挑戦、危険にそれぞれの許容度を持っている。

新しくむずかしい状況に喜んで頭から飛び込み、問題解決することや困難を乗り越えることさえ楽しめる子どももいる。冒険することや、未知の何かを試すことにひどく不安を感じる子もいる。同じ子が、あるときには前向きな反応をして、別のときには後ろ向きな反応をすることも多い。ときには、どう反応するかわからないことだけがわかっていることもある。

つまり、**すべての子どもは違っていて複雑だということを忘れないでほしい。**

どんな状況でも、ただ1人のその子にとって何が最善か、何がその子の成長と、能力の拡大につながるかを考えて決めてほしい。それが立ち直る力になる。

自己肯定感に基づく「立ち直る力」を育てる方法

「立ち直る力」を育てる方法１――確かなきずなで安心感を与える

子育ての何についても同じことが言えるが、立ち直る力をはぐくむカギは、親子関係にある。子どもが少なくとも誰か１人――父や母、祖父母、または他の保護者からの揺るぎない（完璧ではなくても）愛情を感じていれば、幸せで満ち足りた気持ちになれるだけでなく、感情面、社交面、学業面でもうまくやっていけるチャンスが得られる。

この愛情が子どもに確かなきずなを与え、自分がしっかり守られているという安心感と穏やかな気持ちを抱かせる。

大切なのは、特に子どもが苦しんでいるときにそれを感じさせてあげることだ。たとえ気に入らないふるまいをしたときでも、その子を守り、深く愛していることを伝えよう。子どもが混乱しているときには、なだめて落ち着かせてあげよう。

神経学的に、繰り返し確かなきずなを感じることで、脳は適切な接続をつくる。2階の脳がよく発達し、子どもは人生のあらゆる面で安心感を覚えるようになる。子どもはグリーン・ゾーンを広げ、自分で問題を解決する力をどんどんつけていく。

理由の1つは、かなりはっきりしている。**あなたが常に後ろで支え、愛してくれると知っていれば、強いきずなで結ばれた親子関係が安全な基盤になって、子どもはそこから未知の世界へ思いきって出ていける。不安になったら、あなたがそこにいるとわかっているから、子どもはいつでも戻れる。**こうやって子どもは自信とやり抜く力をはぐくみ、心地よい場所から踏み出して、新しく居心地の悪い、怖いとさえ思う何かに挑戦していく。

強い親子関係が、立ち直る力につながるもう1つの理由は、あなたが子どもと一定の時間を過ごせば、子どもを深く知ることができるからだ。するとあなたは、感情面と身体面の両方で、子どもがグリーン・ゾーンの限界に近づいて、もとに戻る手助けを必要としている気配に気づけるようになる。

もしかすると、あなたの子は、内にこもる性格で、心を閉ざしたり人づき合いを避けたりしているのかもしれない。あるいは、自分にきびしくしすぎているのかもしれない。どんな理由であれ、子どもは内にこもって、かたくなになり、ブルー・ゾーンに入っている。

食事、公園、動画を見て笑う……。子どもといっしょに過ごすすべてが、子どもの脳によい効果をもたらしている。

それとも、あなたの子はもっと外に発散する性格で、かんしゃくを起こしたり、叫んだり、失礼なことを言ったり、攻撃的になったりするかもしれない。混乱してレッド・ゾーンに入っている明らかなしるしだ。

つまり、子どもとの緊密な関係があるからこそ、そのとき必要としていることに気づく力が持てる。その状況に、すぐに立ち入るか、口出しを控えて子どもに落胆や逆境をもう少しだけ味わわせ、グリーン・ゾーンを広げさせるかを決められる。

後押しとクッションのタイミングをうまく判断するのは、最初はむずかしく思えるかもしれない。しかし、少し練習して何度か試行錯誤すれば、この自己肯定感に基づいた子育てが本当にうまくいくことに気づくだろう。

科学界の古い格言にあるように、「チャンスは備えある心に訪れる」。

この基本を学べば、子どもに（自分にも）訪れるチャンスへの備えができ、後押しかクッションかを決める心構えができる。

確かなきずなで慰めと安心感を与えることを、おそらくあなたはすでに子どもとの日々のやりとりで実践しているはずだ。

子どもと食事するとき、公園まで連れていくとき、おもしろい動画を見ていっしょに笑うとき、口げんかをしたあと、仲直りして安心させるときも——こういう経験のすべてが、子どもとのきずなを深め、立ち直る力と統合された脳をはぐくむ。

もしあなたが子どもに、安心と保護と慰めを感じさせること以外、ほとんど何もしていなくても、優れた脳を育てるためにできるいちばん効果的なことをしている。

「立ち直る力」を育てる方法2――「マインドサイト」の使いかたを教える

立ち直る力と、そのほかの重要な心理面や社交面のスキルをはぐくむ効果的な方法の1つが、「マインドサイト」の使いかたを教えることだ。

マインドサイトとは、ダンがつくったことばで、簡単に言えば、自分とまわりの人の心に気づいて理解する能力のこと。マインドサイトには3つの面がある。

①洞察
②共感
③統合

のちの章で説明するとおり、洞察は、自分の心を理解することを柱としている。自分を認識して、自分を抑える能力だ。

共感とは、まわりの人の心を理解すること、自分以外の人の目でものを見て、その人の感情を察し、同じ気持ちになることだ。

統合とは、先ほどもお話ししたとおり、個人の脳内や人間関係など、異なる部分をつないでいっしょに働かせることを意味する。たとえば、人間関係での統合は、違いを尊重して、2人以上の人間を互いに結びつける思いやりのあるコミュニケーションをはぐくむ。マインドサイトを持つとは、洞察、共感、統合の練習をすることだ。

マインドサイトというツールがあれば、自分の感情や衝動とうまく向き合い、まわりの人との関係を改善できるようになる。マインドサイトの使いかたを教えられた子どもは、自分の感情やまわりの環境に振り回されずにいられる。これから起こることに向き合うための手段を手にするからだ。

すると、**子どもは自分の心と体を使い、脳と感情を変えられるようになる。**

本章の冒頭に出てきたパニックになってしまう少女、アラーナにティナが試したのも、マインドサイトを使った方法だ。ティナはアラーナに、「自己洞察《パーソナルインサイト》」を高めて、自分の恐れと不安を理解し、それに立ち向かうのに役立つ方法を教えた。

ティナにわかっていたのは、アラーナの不安がどこから来るのかを少しずつ探って、神経系の覚醒が高まって頻繁なパニック発作が起こる原因を調べる必要があるということだった。つまり、この**9歳のアラーナのグリーン・ゾーンがなぜそんなに狭くなったのか、なぜそこまでバランスと立ち直る力に欠けているのか**を探る必要があった。

しかしまずは、そういう不安にのみこまれそうになったとき、アラーナが自分をなだめるのに使えるツールが必要だった。

そこでティナは、まずグリーン・ゾーンのことを教え、目標を与えた。

ものごとが穏やかで安全に感じられるグリーン・ゾーンで、もっと長く過ごす方法を見つけること。それから、いくつかの基本的なマインドサイトのツールを紹介し始めた。もちろん子どもは1人ひとり違うので、同じ方法がうまくいったりいかなかったりする。

アラーナには、2つのツールが特に効果的だった。

パニックになる少女とその母に与えた「宿題」

1つめは、第1章の「こんなふうに実際に子どもと話してみよう」で詳しく説明した、気持ちを落ち着ける練習だ。ティナはまずアラーナに、毎晩寝る前にあることをするように頼んだ。それから、アラーナの母親にやりかたを説明し、2人に毎晩試すという〝宿題〟を出した。

眠くなってきて、まぶたが重くなって体がだらんとしてきたら、片方の手を胸に、反対の手をお腹に置いてほしいの。今試して、どのくらい落ち着いた安らかな気分になるか確かめてみて。片方の手を胸に、反対の手をお腹に当てて、ここに座って息を吸うだけでいいの。**寝る前に、毎晩それをやってみて。**

ティナは毎週、オフィスを訪れたアラーナと、落ち着くための夜の日課について話し、いっしょに練習した。数週間のうちに、アラーナは手を胸とお腹に当てると、すぐさま自然に深く長い呼吸をするようになってきた。そして筋肉の緊張が和らぎ、体が明らかにくつろいだ状態に変わるようになった。

初めてそうなったとき、ティナは言った。

気づいた？　今自分の体に起こったことに？

そしてティナは、アラーナの**体内で何が起こっているのかを監視する方法**を教えた。

アラーナは自分が落ち着いてくつろいだ状態に入ったことにすぐに気づいた。2人は、アラーナの母親も交えて、今起こっていること、キレない力と立ち直る力についても話し合った。

ティナは互いに発火して接続するニューロンについてと、この練習が脳に接続をつくり、胸とお腹に当てた手の感触と落ち着いた安らかさを結びつけることを説明した。アラーナはすぐに理解して、寝る前に両手をいつものやりかたで体に置く経験が、どんなふうに脳のなかで結びつくのかを見て取った。

自分の肩にのっている「心配モンスター」との対話

次の段階は、不安を感じたときに「それ」を使うことだった。ティナはアラーナに、どこに行くときもそのすばらしいツール、両手を持って行けることを説明した。恐れや不安やパニックを感じ始めたら、いつでもそれを使える。学校、家、友だちの家、どこでも、そっと両手を動かして胸とお腹に当てるだけで、必要なときいつでもバランスと安らぎの状態をつくれる。

それからティナはもう1つ、ドーン・ヒューブナーの『だいじょうぶ 自分でできる心配の追いはらい方ワークブック』（明石書店）から、基本的な認知の変えかたを教えた。

本のなかの子どもは、**自分の肩に〝心配モンスター〟がのっていて、対話ができると想像する。**心の一面であるモンスターに、想像した怖いことから守ってくれることや、危険を見張って〝チェック係〟になってくれることに、お礼を言ってもいい。

しかし、ときには力を抜いて、いつも怖がっていることにあまり大騒ぎしないように頼んでもいい。アラーナはこのやりかたをとても気に入り、ティナといっしょに心配モンスターに言いたいことを楽しく練習した。

その翌週、アラーナはティナのオフィスに駆け込んできて、目を輝かせ大きな笑みを浮かべて叫んだ。

やった！　パニック発作が始まりそうになったとき、
自分を止められたの！

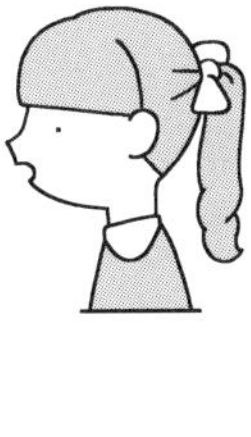

そしてティナに顚末《てんまつ》を話した。

またお弁当を忘れたときのことだった。怖さのせいで自分がレッド・ゾーンに向かい、強いストレス状態に入りそうだと感じたとき、これまでに学んできたことを思い出した。

最初、両手を当てて、深く息を吸って、それから心配モンスターと言い争ったの。
あたしは〝たいしたことない！　カリサにお弁当代を借りればいいだけ。あの子はいつも余分にお金を持ってるから〟って言った。

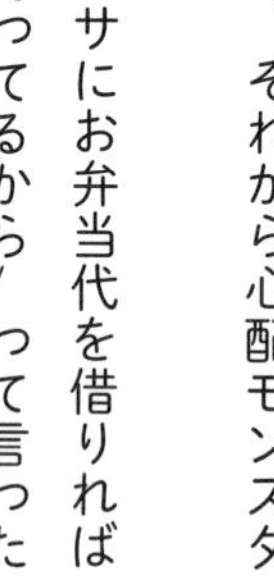

そしてアラーナは、自分の意志できっぱりこう言った。

それから心配モンスターに、〝もうあたしのお弁当代について心配してくれなくていいから〟って言ったの！

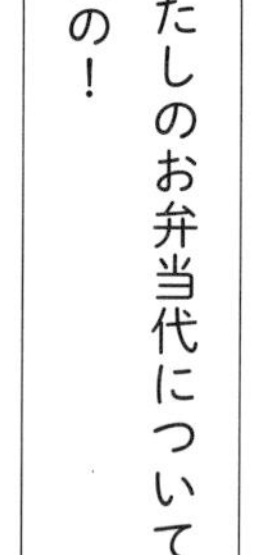

「パニック発作ランド」から離れる方法

このとおり、マインドサイトのツールは、アラーナにとても効果があることがわかり、2人は立ち直る力をつける方法のみごとな成功を喜んだ。

それからティナはアラーナに、もう1つ追加のマインドサイトのツールを教え、「神経の可塑性《かそ》」という専門用語は使わずに、体と心を使って脳の機能に影響を与える基本を教えた。

アラーナは雪が好きなので、ティナはオフィスのホワイトボードに、簡単な雪山を描いた。そしてアラーナに言った。

「**心配がどんどん大きくなると、あなたはこの大きな雪山の高いところへどんどん登っていくの。心配の山のてっぺんに立つと、あなたは身がすくみそうになる。**これまでは、下りるためにてっぺんでそりに乗って、山をすべり降りて、〝**パニック発作ランド**〟に着いていたの」

ティナは山に道を描き、それがどうやって山のふもとのパニック発作ランドにつながるかを示した。そしてこう続けた。

「次に心配がすごく大きくなったときも、また山のてっぺんに登って、そりに乗って同じ道をすべり降りて、何度も何度もパニック発作ランドに着いてしまった。

でも、きょうは自分が何をしたかわかる？　山のてっぺんにいたけど、パニック発作ランドに続く同じ道をすべり降りるかわりに、ツールを使って、**違う道をすべり降りたの。**山に、まったく新しい場所を見つけたのよ！　これまで1度も下りたことのない道を通って、〝**のんびりくつろぎランド**〟にたどり着いたの！」

ティナは山に新しい道を描いて、続けた。

「パニック発作ランド」と「のんびりくつろぎランド」どっちがいい？

「それがとってもすばらしいのは、次に心配がすごく大きくなって、山のてっぺんに登ってしまったとき、パニック発作ランドにつながる道を行かなくてもいいとわかっていること。

もちろんそっちは慣れてる道で、しっかりそりの跡がついてるから、ときどきはそっちへ行ってしまうかもしれない。でも雪はずっと降り続いていて、パニック発作ランドへの道をあまり使わなくなれば、そこはだんだん新しい雪で覆《おお》われていく。別の道をすべり降りることがもっと増えれば、これからはどんどんそっちに慣れてきて、下りやすくなってくる。その新しい道が、使い慣れた、そりが進みたい道になって、きょうみたいに楽しい日が送れるようになるよ」

ティナは、雪山の道は、脳内のつながりのようなものだと説明した。それは、人がどのくらい注意を向けるか、どのくらいよく使うかによって、小さく細くもなるし、大きく太くもなる。そしてそれは、起こったことに自分がどう反応するかを制御するもう1つの方法になる。

それが、マインドサイトのツールの力だ。人は、自分の内面の経験を見つめてから、変える方法を学べる。

わたしたちがこれほどマインドサイトのツールを信頼しているのは、これを使えば、子どもたちがグリーン・ゾーンを広げられるからだ。マインドサイトのツールは、アラーナのような子どもが不安や心配を感じても、レッド・ゾーンに入ってパニック発作を起こすのではなく、グリーン・ゾーンにとどまっていられるようにする。

アラーナがきびしい状況や恐れに向き合っても無力でいる必要はないと理解し始めたように、**あらゆる子どもたちに、自分の運命を決めるのは自分だと気づいてほしい。**

人生が思いどおりにいかなくても、自分が主導権を握り、どう対応するか、どうなりたいかを決められるという考えかたを身につけてほしいと思う。それが、立ち直る力だ。

「立ち直る力」を子どもに教えよう

こんなふうに実際に子どもと話してみよう

第1章では、子どもたちにグリーン・ゾーンについて紹介し、そこから離れてレッド・ゾーンやブルー・ゾーンに入ったらどうなるかを話した。

本章では、むずかしい問題に立ち向かうことについてしっかり子どもと話し、立ち直る力をはぐくもう。

教えたいのは、人生には困難な状況がたくさんあって、迫ってくるものごとを怖いと感じるのはかまわないけれど、そういう困難は人を強くするということだ。

会話の始めかたには、こんな方法がある。

デリクはリトルリーグで野球をやってみたかったけど、自信がなかった……

でも、パパとママが励ましてくれた。最初の練習にいっしょに来てくれて、ママがチームのコーチを手伝うことになった。

最初の練習はうまくいかなかったけど、2回めの練習はけっこう楽しかった。それから、初めて試合に出たとき、思いっきり打ったら、それがホームランになった。今では、野球が大好き！ 怖い気持ちに立ち向かって、新しいことを試さなかったら、こんなに楽しいなんてわからなかったよ。

ぼくが野球をやる前にそうなったみたいに、心配になったことはあるかな？ レッド・ゾーンか、もしかするとブルー・ゾーンのほうに、ちょっと引っぱられたことはあるかな？

勇気を出すのは簡単じゃない。
しかし、新しいことを試せば、「思ってたよりできる」と、わかることがある。

むずかしいことがあっても、勇気を出すと本当にいい気分になる。それに、グリーン・ゾーンがもっと大きくなって、すごく楽しいかもしれない新しいことにたくさん挑戦できるよ！**むずかしいこともやればできる、いやだな、怖いなって思ってもかまわない、それでもできるって、わかるようになるよ！**

あなた自身の「立ち直る力」を高めよう

親が自分の「自己肯定感」を考えてみるとき

子どもの立ち直る力を育てることについてじっくり考えたところで、少し時間を取って、自分の人生にもその考えを当てはめてみよう。親が自分の自己肯定感を育てるほど、子どももそれをもっと高められるようになる。

次の質問に答えて、これまでの自分の立ち直る力と、今ある自己肯定感について考えてみよう。

1．グリーン・ゾーンを離れたとき、どこへ向かう傾向にあるか気づいている？

感情にのみこまれたり、ひどく腹が立ったり、取り乱したりしたとき、レッド・ゾーンの混乱のほうへ向かいがち？　それとも、頭は働いても体の動きが止まってしまうか、心を閉ざし、ブルー・ゾーンの硬直のほうへ向かいがち?

2. 実際にレッド・ゾーンまたはブルー・ゾーンに入るのはどんな経験?

どのくらい長くそこにとどまる傾向がある? 〝再稼働〟するまでしばらく人づき合いから離れる人もいる。序章で説明したように、こういうゾーンに入ったときには、前頭前野の統合機能が働かず、自制がきかなくなる。こうなると誰でも、統合された柔軟な脳にすぐに戻るのはむずかしい。

3. ブルー・ゾーンやレッド・ゾーンにいるとき、自分にとっては何がグリーン・ゾーンに戻るためにもっとも効果的?

人にはそれぞれに異なる修復の過程があり、自分なりの方法を知っていることが立ち直る力の源になる。ひと休みして状況から離れる人もいる。水を飲んで、音楽を聴き、ストレッチをして、自分のなかで何が起こっているのか考える人もいる。ジャーナリング(思いついたことをなんでも書き出すこと)も役立つかもしれない。

4. 立ち直る力の源のなかで、あなたが強化しなければならない部分は何?

自分の内面世界をじっくり見て、グリーン・ゾーンを離れそうな徴候に気づくのは、人生の今の時点ではむずかしいこと？　ブルー・ゾーンまたはレッド・ゾーンからグリーン・ゾーンに戻るよう調節するのは、なかなかできないこと？

5. あなた自身が支えを得られている？

必要なときに友だち、親戚、その他の人の助けを求めること、さまざまな状況に対して自分を抑えるためのスキルを育てることも、そこに含まれる。

多くの点で、自分の立ち直る力を育てれば、自己肯定感を育てることになる。この重要な仕事をするうちに、自分の心の平静が養われるだけでなく、自己肯定感と立ち直る力を持って問題に取り組む手本を見せることで、子どもを手助けしてもいる。人は誰でも、一生をかけて成長し続ける。

だから、この強さと幸福の回路を育てる旅を楽しんでほしい。

第３章

自己肯定感を高める③
「自分の心を見る力」

子どもに教えたい
「自分を客観的に見る」
トレーニング

5歳の弟が8歳の兄を思いっきりたたいた！

しつけの瞬間が「自分の心を見る力」を伸ばすチャンス

ある朝ティナが出かけるしたくをしていると、8歳のルークが泣きながらバスルームに駆け込んできた。そのときのことを、ティナはこう語る。

話せるようになるまで落ち着かせてやると、ルークは5歳の弟ＪＰに〝星形〟をやられたんだと言った。知らない言い回しだったので意味を尋ねると、平手で誰かを思いきりたたいてその人の体に手の形を残すと、指の跡が星のように見えるのでそう言うのだと息子は説明した。シャツを引き上げると、確かにルークの背中には、5歳児の手の形に似た赤い星形があった。

わたしはルークをなぐさめてから、犯人の弟を捜しにいった。ＪＰは明らかに、まだレッド・ゾーンにいた。あなたがこれまでにわたしの話を聞いたことがあるなら、たぶん親としての失敗談もご存じだろう。しかしこの日の朝、わたしはグリーン・ゾーンにいて、このしつけの瞬間を、教える機会、スキルをはぐくむときにすることを忘れなかった。JPが自己肯定感の第3の「**自分の心を見る力**」を養えるように手助けする最適な機会だ。

5歳のJPは、まだほとんど何も学べないキレやすい状態にあったので、まず気持ちに寄り添ってつながりをつくり、切り替えてから教えることにした。わたしは膝をつき、腕のなかに倒れこむ息子を受け止めた。そして、こう言ってなぐさめ、落ち着かせた。

そう。すごく怒ってるのね。さあ、おいで。

すすり泣きが静まって、体のこわばりがゆるみ始め、気持ちが落ち着いてくると、わたしは共感をこめて言った。

あんなふうにぶっちゃいけないって、わかってるよね。
どうしたの？

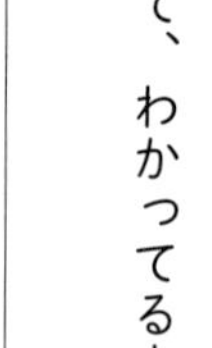

こう尋ねながら、『しあわせ育児の脳科学』で詳しく説明した方法、感情に「名前をつけて飼いならす」を実践していた。ＪＰに自分から話をさせ、今の気持ちに名前をつけて大きな感情を飼いならせるようにしてやると、さらに落ち着かせることができた。

息子の説明によると、ルークといっしょに祖母と電話で話しているとき、ＪＰはジョークを言おうとした。すると、終わりに差しかかったところで、ルークが先にオチを言ってしまった。電話を切ったあと、ＪＰは怒っていることを兄に伝えようとしたが、ルークはそれを茶化しただけだった。

わたしはＪＰの気持ちを察しながら、息子が大きな怒りをあらわにして、ジョークを言っているときのエチケット違反はすごく重大なので、わたしには初耳の〝星形〟をおみまいされるのも当然だと息巻くのを聞いていた。それから、このよくあるしつけの瞬間（忘れないでほしい、しつけとは常に、教えることだ）を利用して、５歳の息子のなかに自分の心を見る力を育てることにした。

わたしはＪＰにあれこれ質問して、レッド・ゾーンに入ってキレてしまったときの感覚を思い出させた。

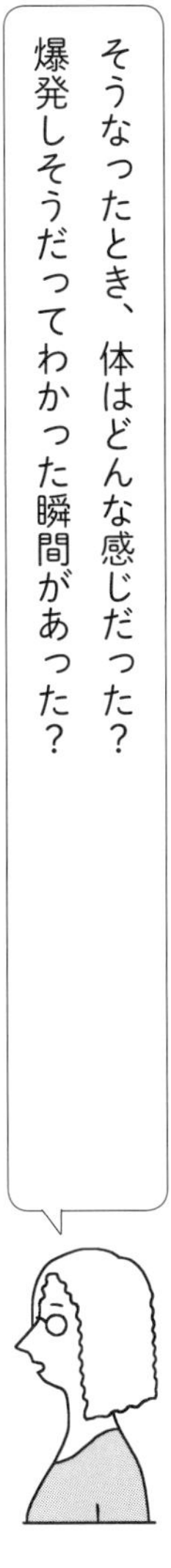
そうなったとき、体はどんな感じだった？
爆発しそうだってわかった瞬間があった？

自分のなかで何が起こって、その瞬間につながったのかについて、もっとよく理解させたかった。すると会話は自然に、

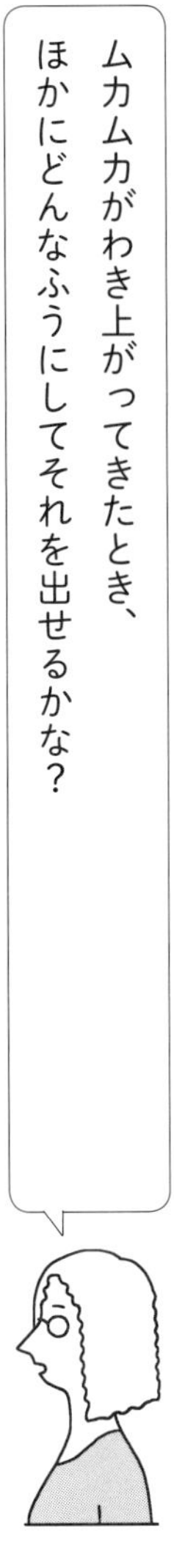
ムカムカがわき上がってきたとき、
ほかにどんなふうにしてそれを出せるかな？

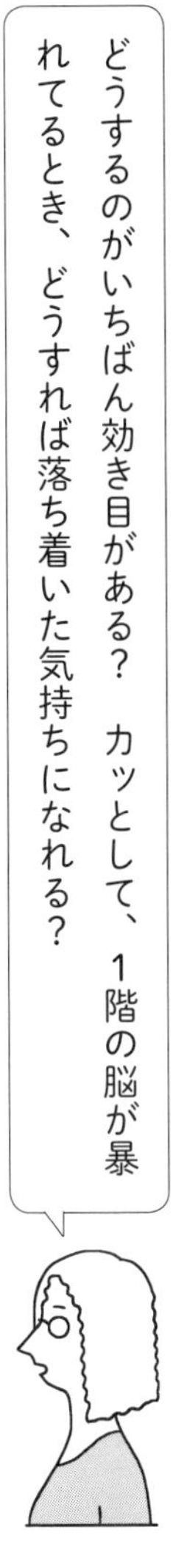
どうするのがいちばん効き目がある？　カッとして、1階の脳が暴
れてるとき、どうすれば落ち着いた気持ちになれる？

などの質問に移って行けた。こうやって、息子とつながりをつくり、振り返りながら会話をして、自分の心を見る力を養う手助けをしながら、兄とどうやって仲直りすればいいかについて質問することができた。

『子どもの脳を伸ばす「しつけ」』で説明したとおり、思い知らせることではなく教えることに焦点を当てた効果的なしつけには、２つのおもな目的がある。

①悪いふるまいをやめさせるか、よいふるまいを促して、その場で納得させること

②将来子どもがきちんとものごとを判断して自分とうまくつき合えるように、スキルを育てること

これが、ＪＰと話しているときのティナの目標だった。

第１の目標は、感情的なつながりをつくって、息子が落ち着いて学びを受け入れられるようにすることで達成した。ＪＰは、母にグリーンゾーンに戻してもらうまでは、何かを学べそうになかった。

第２の目標では、ＪＰが自分の感情と反応を自覚して、これからカッとしたときに、よりよい（そしてあまり衝動的ではない）判断ができるように導いてやることに重点を置いた。もっと自分の心を見る力をつけてほしかったからだ。

「自分の心を見る力」があると、人づき合いが楽になる

本書で解説する自己肯定感４つの力のうち、自分の心を見る力（洞察力）は、いちばん頭に浮かぶことの少ないものかもしれない。

簡単に言えば、それは、**自分自身の心のなかを見て、理解してから、自分の感情や環境をうまくコントロールする能力**のことだ。それは簡単ではない。子どもにとっても、大人にとっても。

しかし、身につけて伸ばす努力をするだけの価値がある。その力は、社会的および感情的知性、そして心の健康のカギとなる要素だ。それがなければ、自分を理解して、まわりの人とのつき合いを楽しむことはほとんどできない。

つまり、創造性や幸福、意義や意味に満ちた人生を送るのにどうしても必要なものだ。子どもにそういう人生を送ってほしいなら、自分の心を見る力を教えよう。

自分の心を見る力を育てるカギは、単純に〝観察する〟ことだ。

その力があれば、自分の内面にじっくり注意を向けられる。ふつう、子どもも大人もみんな、自分が本当は何を感じ、何を経験しているのかに気づかずにいる。ときには混乱し

自分の心を見る力があれば、自分の気持ちや環境と向き合ったとき、無力なままでいる必要がなくなる。

て、先ほどのJPのようにいきなりキレることもある。ときには、腹を立てているのに、自分が怒っていることに気づかず、それを否定することさえある。

感情そのものは、問題ではない。それを誤解しないでほしい。不快な気分、たいてい〝悪い〟気分と呼ばれるものを感じているときでさえ、気持ちは大切だ。

問題は、さまざまな感情をいだいていながら、自分の気持ちに気づかなかったせいで、ありとあらゆる有害で不要な、または意図しない行動や決断をしてしまうことだ。だからこそ、自分の心を見る力を身につけたい。それは、自分に影響を与えている感情に光を当てて気づかせ、どう行動すべきかを選べるようにしてくれる。

自分の心を見る力は、すばらしい能力を与えてくれる。それがあれば、自分の気持ちや環境と向き合ったとき、無力なままでいる必要がなくなる。自分の内面の世界で何が起こっているのかを見てから、有害な無意識の衝動にむやみに従うのではなく、意識と意図に基づいた決断ができる。

「選手の目線」と「観客の目線」

「怒りを爆発させ、叫ぶ自分」を客観的に観察する

〝自分の内面の世界で何が起こっているかを見る〟という考えについては、科学者、哲学者、神学者など、さまざまな思想家たちが、何世紀にもわたって論じてきた。

〝意識の異なる面に注意を向けること〟と説明されることもあった。あるいは、二重モードの情報処理として語られることもあった。どんな言い回しだろうと、基本的なコンセプトは同じだ。つまり、人はその瞬間の気持ちを感じながら、そういう気持ちを感じる自分を観察している。観察する人であり、観察される人でもある。経験する人であり、その経験を目撃する人でもある。子どもにもわかることばで言えば、**フィールドにいる選手であり、スタンドにいる観客でもある。**

たとえば、自分が車のなかにいると想像してみてほしい。

子どもたちを映画に連れていき、ぜいたくをして、あのものすごく高いポップコーンまで買った。自宅の電子レンジでつくって、小袋に入れてバッグやコートのポケットに忍ばせたりはせずに（あなたも、やったことありますよね？）。帰り道、子どもたちはうれしそうに感謝するわけでもなく、不平を言ったり、誰が何を先にやるかで言い争ったりして、わめき声はどんどん大きくなってくる。

もしかすると特別に暑い日で、なんらかの理由で車のエアコンが効かないのかもしれない。後部座席の混乱が増すにつれて、あなたの感情も高ぶり、レッド・ゾーンに入っていく。自分の心を見る力がなければ、1階の脳に完全に支配されて、子どもたちに向かって怒りを爆発させ、叫んで、まず感謝しないことについてお説教し、甘やかされた悪たれっ子の特徴を数え立てるかもしれない。

その瞬間のあなたは、次ページのイラストのように、〝選手〟だ。試合中で、フィールドにいて、活動の真っ最中。選手にとっては、ただ試合を続け、次にどんなことが起こっても切り抜ける以外にどうしようもない。

しかし、**その瞬間、選手のあなたを混乱の外から観察できたらどうだろう？**

選手のあなたは試合の真っ最中で見通しが持てなくても、〝観客〟のあなたは次ページのイラストのように、スタンドからただ、できごとを眺めている。

スタンドにいる観客が、フィールドにいる選手とはまったく違って、どれほど落ち着い

選手の目線しかないとき

観客の目線があるとき

**「自分の心を見る力」があれば、
自分を観察でき、感情と環境に振り回されなくなる**

ていられるかがわかるだろうか？

観客は、選手がそれぞれの瞬間に力を尽くして必死に何かを体験しているあいだも、自分の心を見る力と見通しを保っていられる。

こういう洞察力と客観性は、とても役に立つ。その暑いミニバンのなかでは、あなたはレッド・ゾーンに向かっている試合中の選手だ。しかし同時に、観客であるもう1人のあなたが、車の上に浮かんで、後部座席の子どもたちといっしょにいる選手のあなたを見下ろしているところを想像できるだろう。

カッとしたとき、「観客の自分」を意識するトレーニング

観客は、車のなかのありとあらゆる感情や大騒ぎにとらわれる必要がない。たとえネガティブなものでも感情が重要だと知っているので、判断や非難やあら探しはしない。ただ状況を眺め、選手の怒りがどのくらい高まっているのかも含めて、何が起こっているのかに気づいているだけだ。その瞬間の選手は自制がきかなくなってきて、自分のなかで働くすべての気持ちに気づいていないかもしれないが、観客は意識的にすべての状況をより分けて、もっとしっかり健全に、できごとの見通しを立てることができ、ときにはそれをおもしろいとさえ思える。

この状況を見ている観客なら、何を言うだろう？

あなたが今の状況の外にある落ち着いた穏やかな場所から自分を見られるなら、どんなことばをかけるだろう？

たとえば、こう言うかもしれない。

「この状況にカッとしたってかまわない。しない人がいる？　わたしだって人間なんだから。でも、子どもたちが疲れてるってことを忘れないで。わたしもね。この子たちは、いつもは甘やかされた悪たれっ子みたいなふるまいはしない。今は、そんな気分になってるだけ。まだ子どもなんだから。**深呼吸して、体の力を抜こう。**それから、子どもたちが好きなあの歌をかけて、後悔しそうなことは何も言わないようにしよう。もうすぐ家に着くし、そしたら何もかも静まるわ。何か言う必要があるなら、みんながグリーン・ゾーンに戻ってからにしよう」

選手の視点になると……

観客の視点は見通しを与えてくれる

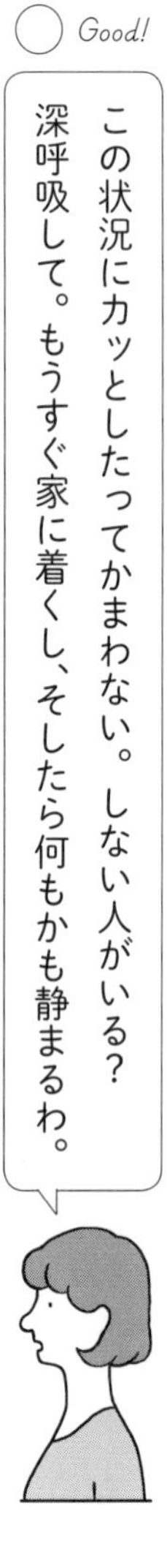
Good!
この状況にカッとしたってかまわない。しない人がいる？
深呼吸して。もうすぐ家に着くし、そしたら何もかも静まるわ。

自分の心を見る力と自覚が、簡単に身につくとは言っていない。練習が必要だ。

しかし、取り組む気があるなら、ただ観察するだけで、不穏な状況での自分のふるまいをコントロールするのに必要な力を大きく伸ばせる。それはとても役に立つ。

この例はもちろん、親の洞察力についてだ。しかし、子どもにも同じ考えが当てはまることがわかるだろう。

ただし、この考えを理解するには、ある程度の発達が必要だ。子どもが成長して、もっと複雑な思考に慣れれば、さらにうまくいくようになるだろう。

しかし、**たとえ幼い子どもでも、カッとしたときの自分の気持ちや体の反応に注意を向けさせてやれば、基礎をつくっていける。**

大人でも子どもでも、自分の心を見る力のカギは、高ぶった状況のまんなかで、観客の位置に座り、ひと休みする方法を学ぶことにある。

自分の心を見る力は、その「**ひと休み**」のなかにある。

ちょっとした「ひと休み」がもつパワー

自分だけの「ひと休み」の合図で冷静になれる

自分の心を見る力とは、その瞬間にひと休みして、観客としてものごとを客観的にとらえ、よい判断ができるようになることだ。

人はしょっちゅう、刺激を受け、とっさに反応している。暑い車のなかでの大騒ぎに、親は感情を爆発させる。まじめすぎる4年生は、算数の小テストの難問を見てすごく心配になり、落ち着いて実力を発揮できそうにない。

ひと休みしないと、とっさの反応に支配され、グリーン・ゾーンにとどまることができなくなる。それが、**自己肯定感が低いマイナス脳の状態だ。**

しかし、小さなひと休みを挟めば、すべてが変わる。

暑いミニバンのなかであなたを見ている観客が口を出し、深呼吸してその状況になんらかの見通しを立てるように忠告してくれる。

あるいは、算数の難問にパニックを起こしそうになった小学4年生の娘も、ひと休みすれば、観客が口を出して、選手にゆっくり息を吸って少し力を抜く機会を与えてくれる。

むずかしい瞬間にいる子どもが、ひと休みするのは簡単だろうか？

たいていの子どもは自然にできる？

いや、できないのはたいていの大人と同じだ。自分の心を見る力のスキルも練習しなければ身につかない。

この小学4年生が不安から逃れるには、生きていくなかでそのスキルを教え（手本

できるはずの小テストで失敗するとき、子どもの感情は爆発している

になり)、それを練習する機会をたくさん与えてくれる大人が必要だろう。

肩の力を抜く「きっかけ」アイテム

この場合は、テスト中に緊張しやすいことについて父親といろいろな会話をしてから、心に不安がわき上がってきたときに頼れる**「秘密の合図」**を考え出すといいかもしれない。父親が、まず恐れに気づくことの大切さを教え(そこで観客が入ってくる)、それから**手首のブレスレットを見て、「息《ブレス》を吸うこと」を思い出すように助言する**のはどうだろう。

そうすれば、娘は肩の力を抜いて、筋肉をゆるめ、暴れ出しそうだった緊張と不安を手放せるようになる。自己肯定感が高ま

緊張と不安が襲ってきたら「息を吸って、吐いて。ブレスレットを支えにね」親は朝ごはんのときにでも、子どもに伝えてあげよう

カッとなっている最中にひと休みすることは、むずかしいことだが、きょうから練習すれば、どんどんうまくできるようになる。

ってくる。すべてはひと休みから始まった。それが、反応の柔軟性を生み出したからだ。

人は刺激と反応のあいだにひと休みする必要がある。そうすることで刺激と行動のあいだに時間と心のスペースを置ける。神経生物学の視点から見て、この心のスペースで少しのあいだ考えてから、行動の回路を働かせて何かを〝する〟ことができる。反応の柔軟性は、そのとき可能な〝いちばん賢い自分〟になることで、ストレスを減らし、自分とまわりの人をもっと幸せにする方法を教えてくれる。

繰り返すが、カッとなっている最中にひと休みすることが、口で言うほどたやすくないことはわかっている。

しかし、あなたならできる。本当だ。きょうから始めよう。**練習すれば、どんどんうまくできるようになる。**この先あなたの標準装備になるかどうかはわからないが、むずかしい状況に向き合ったとき、きっと頼れる手段として自然に感じられるようになっていく。

「ひと休み」の力を使いこなした小学1年生のアリス

あなたは、子どもがこの重要な能力を養う手助けを、すぐにでも始められる。

算数の小テストを受ける女の子が、ひと休みして落ち着く能力を身につけたように、あなたの子も同じような困難と向き合ったとき、自分の心を見る力を持てるようになる。

今それを学べば、その子の人生が、どれほど変わるか想像してみてほしい。

そして、いずれ子どもたち自身が自分の子どもをどれほど穏やかに愛情深く育てられるようになるか、想像してみてほしい。幼いうちに自分の心を見る力と反応の柔軟性を育ててあげれば、感情面でも人づき合いの面でも、世代を超えた成功の基礎をつくれる。

自己肯定感のスキルをみごとに使いこなした、アリスという小学1年生の女の子がいる。ある日、両親はアリスに、家族で新しい街に引っ越すことを伝えた。この知らせを聞いたとき、アリスは大泣きした。家と友だちから離れるのが絶対にいやだったのだ。両親は話を聞き、泣かせてやった。

忘れないでほしい。

自分の心を見る力の目的は、気持ちを抑え込むことではない。

気持ちを感じるのはよいことで、重要で健やかな反応だ。感情を避けるのではなく、その気持ちに寄り添って、刺激に対して健全なよい判断ができるように、自分の心を見る力を育てたい。

アリスは少し時間をかけてその知らせを受け止めたあと、ひと休みして、大好きなことをしようと決めた。今の状況についてお話をつくるのだ。そして次のような作文を書き、パパに手伝ってもらってビデオもつくった。

電球

脳は大切。そこには、悲しい、ムカつく、楽しい、おもしろい、いろんな気持ちが入ってる。気持ちは、ずらっと並んだ電球みたいだと思う。楽しいと、その気持ちの明かりがつく。すごくたくさんの電球の明かりがいっぺんにつくと、頭がこんがらがって、怖くなる。

今はそんな気分。だって、引っ越しをするから。引っ越しは悲しくて怖いけど、少しだけワクワクもしてる。

もしあなたが、すごくたくさんの電球の明かりがいっぺんについたような気分になったら、静かに座って深呼吸して。気分がよくなるから。

この作文は、自分の心を見る力についてわたしたちが伝えたい趣旨を、そのまま表している。アリスは自分の悲しみと怖さ（とほんの少しのワクワク）に気づいていたので、その気持ちに注意を向けて、有意義で健全な形で反応できた。

この作文が、すべて〝観客〟としてのアリスの視点から書かれていることに注目してほ

引っ越しに泣きわめいていた小学1年生のアリスは、作文を書くことで、観客という視点、つまり「自分の心を見る力」を得ていった。

しい。〝選手〟のアリスは、泣いて、混乱して怖くなった子だ。これはアリスの重要な一面だから、自分自身のその部分を認めて、受け入れる必要があった。しかも、アリスは観客になって自分の状況をまるで外から見ているように眺められたので、洞察力と広い視点も得られた。

こんなふうに、アリスの脳は統合していた。つまり、心のなかに選手と観客の両方の部分を持てた。経験と自分自身のさまざまに異なる部分を結びつけること、それが統合の本質だ。統合は、自己肯定感の核心でもある。

アリスは、苦しんでいるほかの人たちに助言までできた。静かに座って深呼吸して、という部分でわかるだろう。もちろんそれは、刺激と反応のあいだに挟むひと休みのことだ。

感情に「名前をつけて飼いならす」方法

すべての6歳児がこういう自分の心を見る力を、ましてやこれほどはっきりと伝える能力を身につけられるわけではない。

アリスの両親は、感情を表すしっかりした語彙《ごい》を娘に与え、娘の内面の世界を大切にして、そこに注意を向けている人たちだった。

けれど、たいていの子どもは、練習すれば自分自身や反応の柔軟性を理解する能力を伸ばせる。

ある男の子は、両親から「名前をつけて飼いならす」方法を教わって、4歳児なりに、ゴチャゴチャした気持ちを静めるために、経験したことをことばにする方法を使っていた。たとえばある晩、男の子は従兄《いとこ》の家で夜を過ごし、いっしょに『スクービー・ドゥー』を見ていた。お化け屋敷と怖い〝幽霊〟が出てくる回だった（もちろん、それは物語の悪役の策略で、その悪い企みは、邪魔する子どもたちさえいなければ成功するはずだった――『スクービー・ドゥー』のお決まりの筋だ）。

それで、寝る時間になると、男の子は母親に言った。

「ママ、『スクービー・ドゥー』のお話を、もう1回しなくちゃだめなんだ」

そして、何を見たのかを話し始めた。母親は細かい部分や、怖かったあれこれについて質問した。

「その幽霊はどんなだったの？」

そうやって心のなかの恐怖をとらえ直して、男の子が言ったとおり、幽霊が本当はただの〝透けてるシャツみたいなやつで、ワイヤーロープにつるされてた〟だけだったことを思い出させてやった。

物語をもう一度話したいと頼むことで、男の子は観客の位置から、選手の自分が感じたそのときの怖い気持ちを和らげる何かをしなくてはならないと気づいていた。そして頭の

自分の心を見る力を育てれば、自分の内面の世界と感情を理解し、気持ちとふるまいを調整することもできるようになる。

なかの怖いイメージという刺激に反応する前に、反応の柔軟性とひと休みを使ってみせた。そのひと休みが、健全で実りのある選択につながった。**それが、自己肯定感から生まれる「自分の心を見る力」だ。**それを、すべての子どものなかに育ててやりたい。

むずかしい状況になったとき、子どもの年齢と発達段階に可能な範囲で、自分の内面の世界に注意を向けて、混乱しかけていることに気づけるようになってほしい。自分の心を見る力を育てれば、自分の内面の世界と感情を理解するだけでなく、気持ちとふるまいを調整することもできるようになる。

調整は、統合から生まれる。自分の心を見る力は、自覚を与え、経験のいろいろな面をつなげて、統合をつくる。自分の心を見る力で養われる調整のスキル、このバランス感覚が、子どもと家族全体の平穏と幸せにつながっていく。

自己肯定感に基づく「自分の心を見る力」を育てる方法

「自分の心を見る力」を育てる方法1——ネガティブをポジティブに変える視点

ほとんどの子どもは（おそらくほとんどの大人も）、苦労を本質的にネガティブなものと、とらえている。

もし1つの選択がもう1つより簡単なら、そちらのほうがいいに決まっている。しかしそれは、ただ生き延びようとしているその瞬間の自分、〝選手〟の考えだ。苦労をくぐり抜けるのは必ずしも悪いことではない。

スタンフォード大学の社会心理学者であるキャロル・ドゥエック教授の「成長マインドセット」と「硬直マインドセット」という概念が、ここで重要になる。人は苦労について、努力と経験から成長できるというマインドセット（心のありかた）を持てる。そういう心構えがあれば、どうやって楽しむ力とやり抜く力を持って問題に取り組むべきかを、深く考える。

心理学者でベストセラー『やり抜く力 GRIT（グリット）』（ダイヤモンド社）の著者であるアンジェラ・ダックワースの研究によれば、**楽しむ力とやり抜く力は、子どもが困難に向き合ったとき、耐えることができる特質だ。**

反対に、硬直マインドセットを持つと、むずかしい状況では自分の欠点がはっきり出てしまうと思い込む。努力で生まれつきの能力は変わらないと考えているので、将来の挑戦を避けてしまいがちになる。そして人生は常に楽で、成功しているべきだと考える。

しかし、子どもを支えるとは、〝人生は不公平なもの〟という古くさいお説教をしたり、一生懸命やることや望みがかなうまで我慢することの大切さについて諭すことではない。

親は子どもに、人生とは努力と発見の旅であって、成功という目的地を簡単に手に入れることではないと教えてほしい。そうやって、成長マインドセットを支える洞察力を身につけさせたい。次の簡単な質問をすれば、むずかしい状況に向き合ったとき、役に立つ視点を見つけるヒントになる。

たとえば、あなたの10歳の娘は、ホッケーチームでゴールキーパーをするのが大好きだが、いつものチームの活動時間外に練習するのはいやがっていると想像してみてほしい。

これが娘の問題だと気づいたとき、あなたは、楽して得たものに価値はないとか、才能ある人も努力しなければ努力する人に負けてしまうとか、お説教したくなるかもしれない。

しかしお説教のかわりに、娘が自分の状況をもっとはっきり見る手助けをして、深く考えたうえで決められるようにしたらどうだろう？

娘との会話はこんなふうに進むかもしれない。

娘「試合だと、いつもケイトがゴールキーパーをやって、あたしは1度もやってない」

父「それはがっかりだな」

娘「うん。あの子がうまいのはわかってる。でもそれは、練習のあともコーチが見てやってるからだもん」

父「おまえも練習のあと少し残って、コーチに見てもらいたいかい？」

父「コーチは前に、見てくれるって言ってたよ」

娘「でも、今だって1時間半も練習してる。ずいぶん長い時間スケート靴をはいてるよ」

父「そうだね。それじゃ、こんなふうに考えたらどうかな。〝代償〟について話したことを憶えてる？」

娘「憶えてるよ、パパ。うまくなりたいなら代償を払わなくちゃならないんでしょ。もう何度も何度も聞いてる」

父「いや、そういうことを言おうとしたんじゃないんだ。おまえは、どっちにしても代償を払うことになるって言おうとしたんだよ。ラッキーなのは、おまえがどっちの代償にするかを選べるってことさ」

娘「えっ？」

父「だって、練習のあと残ってバックスケーティングやディフェンスの練習をすれば、代償を払うことになる。でも、余分に練習しないことに決めれば、上達して試合でゴールキーパーをやる可能性を捨ててしまうから、やっぱり代償を払うことになる」

娘「……そうかもね」

父「だから、考えてごらん。どっちを選ぶことにも欠点があるのはわかるよ。でもある意味、それはすごいことなんだ。だって、どっちを我慢するほうがいいか、選べるんだからね。がんばって余分に練習して、もっとゴールキーパーをやれるかもしれないほうを選ぶか、氷の上から早く下りて、あまりゴールキーパーができなくても我慢するほうを選ぶか。**ぜんぶ、おまえが決めるんだよ**」

父が娘に教えた「問題をとらえ直す」方法

この父親が、娘のためにどうやって問題をとらえ直したかがわかるだろうか？

観客の位置から見られるように手助けすることで、娘は自分の選択肢をもっとはっきり見られるようになった。父親は手助けのあいだ、決断することや、それにともなう不快な面を取り除いて娘を救い出しはしなかった。

ただ自分の力に気づかせて、口出しはせずに、「被害者」になったかのように感じなくてもいいとわからせた。

この考えがしっかり理解されるまでには何回か会話が必要かもしれないし、この方法で、むずかしい選択に向き合う子どものあらゆるいら立ちや自己憐憫《れんびん》が取り除けるとは言っていない。しかしこの女の子はそのうち、〝観客の視点〟に立つことを学び、人生で何を経験するかを常に選ばなくてはならないことを繰り返し思い出すだろう。

そして、ますますしっかりとした決断力と不屈の精神、そして揺るぎない洞察力を身につけていくだろう。こういう方法で考える能力が、子どもの人生を通して、むずかしい重要な決断をするときにどのくらい役に立つかを想像してみてほしい。

「選ぶのは自分」ととらえ直す

Good!

どっちにしても、代償を払うことになるんだよ。ラッキーなのは、おまえがどっちの代償にするかを選べるってことさ。

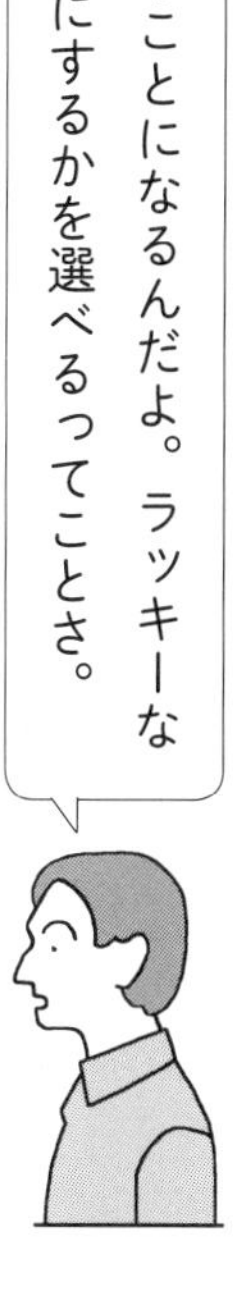

3歳児がおでかけ間際にぐずったら「このセリフ」を

2つのうちどちらの代償を選ぶかという論理は、幼い子どもには複雑すぎるかもしれないが、基本的なコンセプトを習得するための基礎はいつからでもつくれる。

3歳児が出かけるしたくをしたがらなかったら、こんなふうに言ってみよう。

Good!

ローラおばちゃんに会いに行くなら、お靴をはかなくちゃ。おばちゃんに会うのを楽しみにしてたでしょう。今も行きたい?

そうすることで、よちよち歩きの子に、2つのいやなこと（靴をはくことと、ローラおばちゃんに会えなくなること）のどちらかを選ぶ練習をさせられる。

もちろん、この方法を使うときは気をつけなくてはならない。たとえば、ローラおばちゃんの家に行くのをやめるという選択肢がない場合も多いからだ。こけおどしを3歳児に見抜かれて、状況を修復する方法をひねり出すはめになるのはおもしろくない。

最近の研究は、苦しい状況をとらえ直すことで、反応の柔軟性と広い視点が得られることを支持している。

それは、子どもが向き合う日々の苦労にとどまらない。実際の心的外傷やその影響さえ、子どもがその経験をどう見るかによって和らぐことがある。〝心的外傷後成長〟という専門用語もある。個人が、心的外傷や人生をめぐる困難な環境にうまく対処した結果、すばらしく前向きな変化を経験する瞬間を表している。ある研究では、心的外傷を乗り越えた人の最大70パーセントが、人間的に強くなった、全般的に愛する人や人生に感謝するようになった、まわりの人に対する共感が増した、と報告したという。

何が違いを生むのだろう？

ここでもやはり、ひと休みの力が大きな位置を占めている。混乱や恐怖を引き起こす経験にどう反応し、そこからどんな意味をつくり出すかを選ばせてくれる。その経験が自分の人生にどのくらい前向きな、または後ろ向きな影響を与えるかを決められる。

何かを心配するとき、ストレスを避けられないものとしてとらえ直す洞察力を持てば、ネガティブな結果をニュートラルな、あるいはポジティブな結果にさえ変えられる。だからこそ、子どものために苦しみをとらえ直して、練習すれば気に入らない状況の見かたを選べることを教えてやりたい。

手助けしてあげればきっと、とっさに反応する前にひと休みして、自分の気持ちに気づき、世界とどうつき合うかを選ぶ能力を育てられるだろう。

「自分の心を見る力」を育てる方法2――子どもに「赤い火山」の存在を認識させる

選手と観客について子どもに教える実践的な方法の1つは、「赤い火山」の話をすることだ。幼い子どもでもすぐに理解できる簡単なコンセプトで、第1章で詳しく取り上げた自立神経系の働きかたに基づいている。

取り乱すと、過覚醒した交感神経系（人を活性化させるアクセル）によってレッド・ゾーンに送り込まれることは憶えているだろう。子どもが感情とふるまいを整えられるように手助けするには、このレッド・ゾーンの過覚醒に気づくことが特に役立つ。

子どもも大人もみんな、何かについて取り乱すと、神経系の覚醒が高まる。

心臓の鼓動が速くなって、呼吸数が増え、筋肉が緊張して、体温が上がることもある。

心を乱す刺激に対する感情の反応を、「釣鐘《つりがね》曲線」として思い浮かべてもいいが、子どもと話すときは「**赤い火山**」と呼んでいる。

どんどん頭に血がのぼり、火山の頂上に向かって進んでいく。危険はそこにある。曲線の頂点に近づくと、レッド・ゾーンに入って噴火し、感情や判断やふるまいをコントロールする能力がなくなってしまう。最後には曲線を完成させて、山の反対側に下り、ふたたびグリーン・ゾーンに入れる。しかしできれば、山の頂上のレッド・ゾーンにはたどり着かないほうがいい。

カッとしても何も悪くない、ということは忘れないでほしい。子どもに伝えたい重要な点だ。**たとえとびきり激しくても、自分の気持ちを感じて表現するのはよいことだ。**

そして、そういう強い気持ちが引き起こす神経系の覚醒に気づいて、まわりの人や自分自身にそれを見せてもまったくかまわない。

それどころか、心を開いて内面の反応を抑えずにいることはとても役に立つ。覚醒は、自分が山を登って噴火に向かっていることを警告するものだからだ。

心拍数の増加、浅い呼吸、筋肉の緊張は、注意を向けるべき重要な警告信号で、生き残りをかけた状況になった場合には助けてくれる。

だから、感情を表現するのも、体が感じているいろいろなことを受け入れるのもよいことだと子どもに教えたいが、同時にそれに気づける力を育ててやりたい。その認識が、刺激と反応のあいだに有効なひと休みをつくる。ひと休みがないと、子どもはまっすぐ山を駆け登って、混乱した抑えのきかないレッド・ゾーンに入って爆発してしまう。

これは、選手と観客という考えかたにうまく合う。

たとえば8歳の息子が、2時間ほど何も食べずにいてお腹が空いてくると、いきなり優しい子から不機嫌な子に変わってしまうことがあると、気づいたとする。血糖値が下がると気分にどんな影響があるかを詳しく教えなくても、このパターンを指摘してあげられる。息子が穏やかな気分でいるとき（感情の嵐の真っ最中にやってはいけない！）こんなふうに会話を始めるといい。

○ Good!

さっき、ドジャースの帽子が見つからないって、すごくカッカしてたじゃない？　いつもは、そのくらいであんなに怒ったりしないでしょう。どうしてだと思う？

そこから、息子がときどき、お腹が空いてくるといつになく不機嫌になるというパターンを指摘して、赤い火山について説明できる。

そして、選手と観客について話し、選手がカッカしてきたことに観客が気づいたら、りんごを食べて、気分がどう変わるか見てみるのがいいと教えよう。

怒りだけではなく、ほかの感情についても、完全にのみこまれる前に気づくことを教えたい。

算数の小テストを受ける前の女の子が、どんなふうに高まっていく不安を見つめたかを思い出してほしい。

そういう感情をいだいている子どもはみんな、自分の心を見る力のツールを必要としている。自分の体と感情の感覚に注意を向けて、反応する前にひと休みすることを学ぶ必要がある。赤い火山の頂上にたどり着く前に、たいていは止まって何かを変えられることを、教えてもらう必要がある。

「自分の心を見る力」を子どもに教えよう

こんなふうに実際に子どもと話してみよう

子どもへの最高の贈り物の1つは、グリーン・ゾーンから出かかっているとき、2階の脳のコントロールを失って、ぐったりしたりかんしゃくを起こしたりする前に、自分で気づいてなんとかする能力を伸ばしてやることだ。

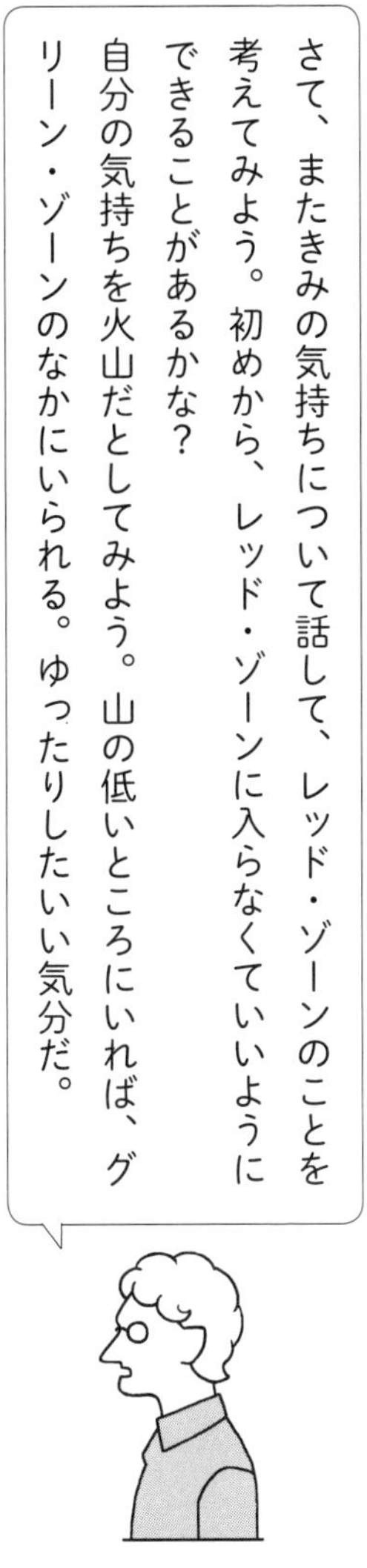
さて、またきみの気持ちについて話して、レッド・ゾーンのことを考えてみよう。初めから、レッド・ゾーンに入らなくていいようにできることがあるかな？
自分の気持ちを火山だとしてみよう。山の低いところにいれば、グリーン・ゾーンのなかにいられる。ゆったりしたいい気分だ。

でも、気持ちが本当に大きくなってカッカしてくると、きみは山を登り始めて、レッド・ゾーンに近づいていく。てっぺんに着くと、どうなると思う？　噴火するんだ！

誰かに向かってどなったり、ものを投げたり、何かをやぶいたりするかもしれない。それとも、ただキレてしまうだけかもしれない。

カッとするのはちっとも悪いことじゃない。でも、赤い火山のてっぺんに行かなくてもよかったらどうだろう？　カッとなりそうなとき、自分で気づいて、噴火しないようにできたらどうだろう？　「ひと休み」して、息をつけたほうがよくないかな？

ブロディーにこんなことがあった。
お兄ちゃんのカイルがボールを投げて、それが目に当たった。

ボクはすごく頭に来た。お返しにカイルに何か投げるか、
すごく意地悪なことを言いたくなった。

でもそうしないで、ひと休みして深呼吸した。それが大事なんだ。
赤い火山のことを考えて、自分にひと休みするように言った。まだ、
さっきと同じくらい怒ってたけど。
でも、その気持ちのとおりにはしなかった。

ただひと休みすること。
レッド・ゾーンに入りそうになったときは、それだけをすればいい。
カッとするのを止めなくてもいいんだ。
噴火する前に、ひと休みするだけ。
それから、少し待って、違うやりかたを考えてみる。
パパとママに助けてもらうとか、誰かに気持ちを話すとかね。

あなた自身の「自分の心を見る力」を高めよう

「悪い親に育てられた子は、悪い親になりますか？」

本章では、子どものなかに自分の心を見る力を育てるだけでなく、親にとっても（あるいは誰にとっても）それがどれほど重要かについて、いつも以上に詳しく検討したことに気づいたかもしれない。

子どもと自分自身のために使える重要なスキルの1つは、あなた自身のいら立ちや恐れや怒りが高まってきて、グリーン・ゾーンから出てしまいそうになったとき、それに注意を向けて気づくことだ。

今現在どうなっているかだけでなく、過去に何があったかについても、自分の心を見る力を働かせることが大切だ。

親御さんたちと話していると、よくこんな質問を受ける。

自分に起こった具体的なことより重要なのは、幼いころの経験をどんなふうに思い返し、どんなふうに理解するかだ。

悪い両親に育てられたら、わたしも悪い親になってしまうんでしょうか？

親たちは、自分が親と同じ間違いを繰り返す運命にあるのかどうかを知りたがる。

科学は、はっきりとした答えを出している。

絶対にそんなことはない。

確かに、どんな親に育てられたかは、世界の見かたや、自分の子どもをどう育てるかに影響を与える。しかし、自分の身に起こった具体的なことよりもっと重要なのは、自分の幼いころの経験をどんなふうに思い返し、どんなふうに理解するかだ。記憶と、過去が現在にどう影響しているかをはっきり見て取れれば、自分のため、そして子育てのため、自由に新しい未来を築けるようになる。

研究は、はっきりそれを示している。

自分の人生を理解すれば、過去の呪縛から解き放たれて、望みどおりの現在と未来をつくるための洞察力が得られる。

「自分の人生を理解する」とは、どういうことか？

しかし、自分の人生を理解するとは、具体的にはどういうことだろう？

著者のダンは長年、そのテーマについて執筆してきた。特に、メアリー・ハーツェルとの共著『Parenting from the Inside Out』（未邦訳）に詳しい。ここでは、基本的な考えかたを示そう。自分の人生を理解するとは、「筋の通った物語」をつくり上げるということだ。人はそのなかで過去を振り返って、幼少期に家庭内で経験したことが大人としての自分にどうつながったのかを理解できるようになる。

たとえば、筋の通った物語の1節は、こんなふうになるかもしれない。

「わたしの母はいつも怒っていました。わたしたちを愛してくれていたことには、なんの疑いもありません。けれど、母の両親は、ひどく母を傷つけていました。母の父親は働いてばかりで、母親は隠れたアルコール依存症でした。わたしの母は6人きょうだいの長女だったので、いつも完璧でいなくてはならないと感じていました。だから、何もかも自分のなかにためこんで、何かがうまくいかなくなると、いつでも感情を爆発させました。妹たちとわたしはたいていその怒りをまともに受けて、ときには手も上げられました。わたし自身はときどき、子どもたちを好き勝手にさせすぎていることが心配になります。1つには、完璧でいなくてはならないという重圧を、子どもたちに感じさせたくないからだと思うんです」

多くの人と同じように、この女性は明らかに、理想的とは言えない幼少期を過ごした。しかし、そのことについて明瞭に話し、母親に思いやりさえ示して、自分自身と子どもたちにとってそれが何を意味するのか、自分がどんな子育てをしているのかまで考察できている。自分の経験について具体的に話し、記憶から理解へ、たやすく移動できている。これが、筋の通った物語だ。

多くの人は、完璧ではないものの、たいていは子どもの必要に細やかに対応し、うまくやっている親のもとで育った。こういうすべてが、確かなきずなをつくっている。

しかし、この母親のように、〝確かなきずな〟をあとから手に入れる人もいる。

彼女の両親は、確かなきずなが自然につくられるような幼少期を与えてくれなかったが、大人になって自分の経験を振り返って理解することで、自分の子どもに確かなきずなを与えられた。

反対に、筋の通った物語をつくって確かなきずなを獲得する内面の作業をしてこなかった大人は、過去を思い返して自分の心を見ることについて、さまざまな面で困難を覚える。それどころか、自分の身の上話を筋の通った形で語ることにも苦労するかもしれない。

自分の過去を理解しないと、自分の子どもを育てるとき、
両親と同じ間違いを繰り返す可能性が高くなる。

幼いころの家庭生活について尋ねられても、細かい部分がはっきりせず、大人になってからのできごとで頭がいっぱいになっていることもある。

もっとも深刻な例では、子どものころあまりにもひどい心的外傷や喪失を経験したので、過去について語ろうとすると、自分のことも人間関係もまったくわからず混乱してしまう人もいる。

このように、自分の心を見る力と筋の通った物語がなければ、しっかり親の役割を果たし、子どもが安心を感じられる穏やかなコミュニケーションを与えることがむずかしくなる。子どもの人生のなかでそういう存在として確かなきずなをつくることが、子どもの成功につながっていく。自分の過去を理解しないと、自分の子どもを育てるとき、両親と同じ間違いを繰り返す可能性が高くなるからだ。

しかし、勇気を出して自分の過去を見つめて、はっきりと筋の通った形で自身の物語を語るのに必要な力をはぐくめば、過去の傷を癒すきっかけができる。

そうするうちに、子どもとの確かなきずなをつくる準備ができ、その揺るぎない関係が、子どもの一生を通じて立ち直る力の源になるだろう。

それは、親にできるもっとも重要なことの1つだ。自分にとっても、親子関係にとっても、子どもにとっても。自分のために自己肯定感を高める方向へ進むことを選べば、それは子どもへ、さらにその子どもへ、世代を超えて受け継がれる遺産になるだろう。

第4章

自己肯定感を高める④
「共感する力」

「わがまま」な子に
「思いやり」を身につけさせる
親の声かけ

2歳の娘におもちゃで頭をなぐられた！

思いやりのある子は、生まれつき「共感する力」を持っている？

2歳の娘がおもちゃであなたの頭をなぐり、あなたが見るからに痛がっているのに平気な顔で笑っていたら、この子がいずれ思いやりと「共感する力」のある子に育つとは思えないかもしれない。

あるいは、5歳の息子がマントとシルクハットを身に着け、家じゅうのみんなに今やっていることをやめさせて自分の前に座らせ、思いつきのマジックショーをいつまでもいつまでも続けたとしたら（そう、終わるまでトイレにも行っちゃだめ！）、その自己中心的な態度を見て、将来まわりの人を思いやれる人間に成長するのだろうかと心配になるだろう。

けれども、わたしたちが知る16歳の少年――デヴィンと呼ぼう――は、自己中心的な考えを乗り越えて、日ごろから思いやりと優しさを行動で示せるようになった。

デヴィンは、ほとんどのティーンエイジャーと似たような問題と身勝手さを持つふつうの子だ。いかにもティーンエイジャーらしいバカげた判断をし、ときには妹にひどい意地悪をすることもある。しかし全体として、まわりの人を大切にし、みんなの気持ちを思いやる力を見せている。

たとえば最近、父親の誕生日に、デヴィンは友だちと出かける約束を断って、特別な日を父と過ごすことにした。また、人前でもよく祖父母を抱き締め、頼まれなくても市営バスで誰かに席をゆずる。大人はよく、彼を「なんて優しい子だろう」とほめる。

無愛想で、自分に夢中で、自撮りばかりしている典型的なティーンエイジャーのイメージとはだいぶ違うのではないだろうか？

「デヴィンはもともと共感する力を持って生まれてきた子なのだろう」

と思うかもしれない。しかし、そうではない。

じつは、デヴィンは小学校高学年になるまで、まわりの人の気持ちを思いやったり、人の視点に立って考えたりする生まれながらの能力をほとんど見せなかった。

自分と意見の違う人はみんな間違っていて、常にバースデーケーキの最初の1切れと、ピザの最後の1切れをつかむ。誰かが取り乱しても気にせず、率直に言えば、妹やときには学校の友だちを少しばかりいじめていた。

反対に、デヴィンの妹は生まれつき共感する力のある優しい子で、両親はしょっちゅう、もっと自分のしたいようにするよう言い聞かせなければならなかった。デヴィンは明らかに、ほかの人を思いやるスキルを養う必要があった。

いじめっ子のデヴィンが「変わった」ワケ

デヴィンの両親は何年もかけて、共感のお手本を示し、これから紹介する方法を使って息子を手助けした。

そして今のデヴィンは、人に共感できるティーンエイジャーに成長し、しっかりした人づき合いのスキルと、（この年齢にしては）かなり深いレベルで人の気持ちを理解できる若者になる可能性を見せて、両親を喜ばせている。

デヴィンの両親は、自己肯定感の4つめの共感する力を育てる手助けをして、息子がこの先充実した人生を送るための大切な贈り物を与えたのだ。


共感する力のある人は、いら立ちや怒りを感じにくく、安易に決めつけることが少ない。

共感は、ほかの人の気持ちを感じながら、その人になるわけではないという点で、統合

マインドサイトがあれば、「思いやり」が育ち、人の心の内側に気づくことができる！

のよい例だ。まるでその人になったかのように、感情移入しすぎる必要はない。思い出してほしい。統合とは、混じり合ったり、均一になったりすることではない。バランスの取れた区別とつながりのことだ。

こういう共感を持てる人は、道徳と倫理に意識を向けていて、正しい行動を取ることを大切にしている。共感する力と、前章で取り上げた自分の心を見る力を組み合わせれば、その結果生まれるマインドサイトで、受け入れる力と理解力のある人間になれる。そうなれば、もっと意義深い人間関係を楽しみ、幸せを感じられるようになるだろう。

マインドサイトがあれば、自分の心を見る力と共感する力を使って自分やほかの人の内側を見て、区別された自己という意識（統合）も持てる。

うれしいことに、**マインドサイトを使って、子どもの共感と思いやりを育て、毎日の家族とのやりとりで脳の回路を強化する方法はたくさんある。**

そういう回路は脳のさまざまな部分から現れる。あなたは子どもに、脳のそういう重要な部分の成長と発達を促す機会を与えられる。

発達上、子どもが自分を第一に考え、「わがまま」にふるまうのは当たり前のことだ。

わたしの子は「わがまま」すぎる?

子どものなかに「冷酷な性質」を見つけたら……

多くの親は、デヴィンの両親が幼いころの息子のなかに見たようなわがままな性質を子どものなかに見ると、心配になり、悩んでしまう。

こういう相談をされると、わたしたちは、特に幼い子どもの場合、共感をつかさどる脳の主要な部分がまだ未発達だということを指摘する。自己肯定感の他の基本と同じく、共感と思いやりは学んで身につけるスキルだ。これからもっと詳しく説明するが、まずは、**現在あなたの子どもに見られる自己中心的な状態を、不必要に大きく考えない**ように注意しておきたい。つまり、幼い子どもに共感が欠けているように思えても、過剰に反応しないように気をつけてほしい。

じつを言えば、発達上、子どもが自分を第一に考えるのは当たり前のことだ。そうすることで、生き残れるチャンスが高まる。ところがときどき、オフィスにやってくる親たちは、こんなふうに言う。

うちの娘は〝サイコパス〟だと思うんです。すごく自己中心的で、わがままなんですよ。自分以外の人のことを考える能力が、まったく見当たりません……。

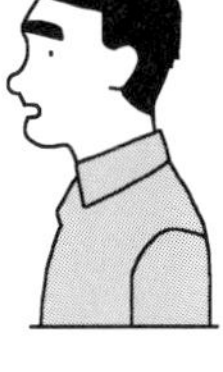

そこでわたしたちは尋ねる。

「娘さんはいくつです？」

答えが返ってくる。

「**3歳です**」

この時点でわたしたちはにっこりして、犯罪人生について心配し始めるのは少し早すぎるし、グーグルで〝家族の面会時間がもっとも長く取れる刑務所〟を検索する理由はまだないと、両親を安心させる。まずは、発達を待つ必要があるだけだ。

また、親はときどき、いつもはおおらかで思いやりのある子どもがだんだん自己中心的になってきた気がして、それが共感する力に欠ける性格の始まりなのではと心配する。

そういう場合、わたしたちはまず親といっしょに、子どもがくぐり抜ける段階の1つにすぎないのかどうか、子どもがどんな要求を伝えようとしているのかを探る。

親たちには、子どもの脳と体が急速に変化していること、その変化がふるまいやものの見かたを必然的に変えることを指摘する。そして、大きさにかかわらず、子どもに影響するようななんらかの変化があったかどうか確認する。歯が生えてきた、風邪を引いた、家族が引っ越した、きょうだいが生まれた、などなど。

さらに、体や認知、運動の急激な成長が原因で、他の部分の発達が退行することもある。**人間の発達は予測できないし、直線的には進まない。〝2歩進んで1歩下がる〟感じで、ときにはひっくり返ったり、横にそれたりする。**変化と驚きの連続で、親はすべてを把握することなどとてもできない。

つまり、その段階への対応について〝正解〟を見つけたとしても、謎を解いたとたん、ものごとはまた変化してしまう。だから、子どもが最近わがままになってきたからといって、これからの人生で人を思いやれない性格上の大きな欠点を示し続けるとはかぎらないということだ。

「今、この瞬間」の子どもに集中する

親としてあなたが集中すべきなのは、学期や季節など、もっと短期間でよい。

このテーマを扱うあいだ、わたしたちが忘れないようにいつも気をつけている重要な真実がある。

確かに、あなたは子どもにとって一生役に立つスキルを育てている。が、子どもが15歳や20歳になったときどうなるかについて気を揉む必要はない。本当だ。**親としてのあなたの役割のなかで、あなたが集中すべきなのは今だけだ。**

わたしたちは発達を綿密に研究している専門家だが、自分の子どもたちがほんの数週間や数カ月で飛躍的に発達することに驚かされている。だから、心配の種がわがまま、不眠、おねしょ、かんしゃく、宿題をめぐるゴタゴタなど、どの段階にあろうと、永遠に続くのではないかと心配したくなる気持ちに負けないようにしよう。**大学生に成長したあなたの娘は、まさか友だちに嚙みつきはしないだろう**（もし嚙みついたら、わたしたちに電話してほしい）。夕食の席に座っているのがむずかしいわけでもない。まわりの人の気持ちや望みに無関心でもないはずだ。

だから、一生の問題について恐れたり悩んだりせずに、学期や季節など、もっと短期間で考えよう。あなたが読書好きなら、段落やページ、章として考えるといい。人生のこの章を切り抜けるための数カ月、あなたがそばにいて子どもを愛し、導き、教え、人生のなかで一貫した存在になってあげさえすれば、子どもは幸せになるのに必要なスキルを学べるはずだ。

つまり、ここで肝心なのは、**たとえ幼い子どものなかに優しく思いやりのある愛情深い性質が見られなかったとしても、子どもの性格を永遠に決まったものと考えない**ことだ。これから何年もかけてたくさんの発達が起こることを思い出し、もっと思いやりと共感につながるスキルを伸ばす努力をしよう。

もちろん、それは将来、成長するにつれて得られるスキルにかかわっているが、集中すべきただ1つのことは、今現在起こっていることだ。

ふるまいとはコミュニケーションであり、そのなかに子どもの学びが生まれることを忘れないでほしい。子どもの気に入らないふるまいを目にしたとき、その行動は実際にはこう言っている。

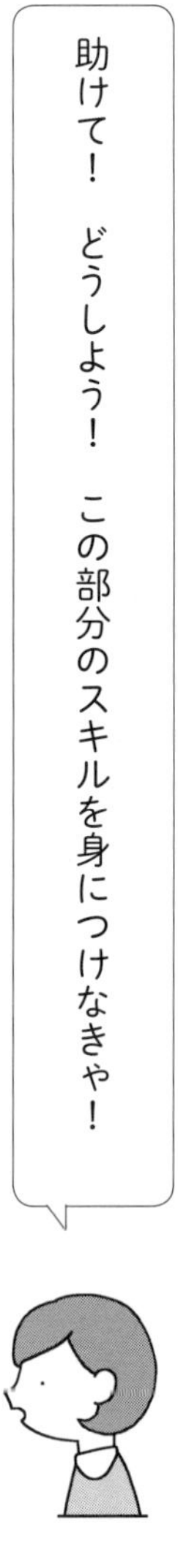
助けて！　どうしよう！　この部分のスキルを身につけなきゃ！

もし子どもが九九に苦労していたら、もっと練習をさせたいと思うだろう。同じように、共感する力が足りないようだと気づいたら、もっと思いやりのある脳を育てる機会を与えよう。そうやってスキルは育てられる。

「共感」は、他人のために自分を犠牲にすることではない

1つ、共感する力ではないものについて簡単に注意しておこう。

それは、「自分を犠牲にしてほかの人を喜ばせる」ことだ。デヴィンの妹のような子もいる。両親はしょっちゅう、もっと自分のしたいようにするよう言い聞かせなくてはならなかった。「いやだ」と言ってもかまわないし、してほしいことを頼んでもいいと何度も教えた。

わたしたちは子どもに、自分の望みがよくわからず、まわりの人を喜ばせるだけの人間になってほしくはない。

生きていくなかで誰かのあらゆる意見や要求に応じるのではなく、ほかの人がどう感じているかを気にかけて大切にできるようになってほしいだけだ。

同じく、共感する力にはたくさんの面があり、ほかの人の見かたを理解するだけではいけないということを思い出してほしい。

多くの政治家や販売員はこの分野に熟練していて、人を操るのにその能力を使っている。だからこそわたしたちは、共感する力を教えるとき、ほかの人がどう感じ、何を求めてい

るかを理解するだけではなく、本当に相手を思いやる脳を育てることを強調している。

それは、人々がどんなふうに互いに結びついているかを発見するということだ。

なんと言っても、人はそれぞれ、唯一の独立した個人、〝わたし〟だ。

しかし同時に、お互いに影響し合っている。

人生で出会う人たちは自分の一部になり、自分もその人たちの一部になる。全員が、〝わたしたち〟という集まりをつくっている。共感する力は、それぞれが〝わたし《me》〟だけではなく、互いに結びついた〝わたしたち《we》〟の一部でもあることを思い出させてくれる。ダンが〝ＭＷｅ〟と呼ぶこの結びつきを認識すれば、統合された自己をはぐくむのに役立ち、まわりの人を思いやるだけでなく、意義とつながり、大きな全体の一員であるという意識にしっかり支えられた人生を送れるようになるだろう。

他人の気持ちを本当に理解するために役立つ「5種類の共感」

他人に共感することは「自分を大切にすること」につながる

これまで見てきたように、共感する力には多くの異なる面がある。一般的な定義は、ほかの人の気持ちや経験を感じ取って、その人の境遇を思いやることに重点を置いている。『アラバマ物語』のアティカス・フィンチが、「〝その人の肌のなかに入って、その姿で歩き回ってみなければ〟、誰かを本当に理解することはできない」と言ったのは、まさにそのことだ。共感をみごとに言い表している。

しかし、もっと詳しく定義することもできる。ここでは、「**共感の5つの面**」を紹介したい。誰かを思いやり、その人の苦しみに反応するさまざまな方法を表すものだ。

①視点の取得——ほかの人の目で世界を見る

つまり、共感する力をはぐくむことは、道徳的・倫理的な判断をすることにつながっている！

②感情による共鳴——ほかの人の気持ちを感じる
③認知による共感——人の全体的な経験を理解する、または知的にとらえる
④同情による共感——人の苦しみを感じて、和らげたいと思う
⑤共感の喜び——人の幸せや成功、健康に喜びを覚える

共感の5つの面をすべて合わせると、誰かの気持ちを本当に理解して、手助けのために行動するとはどういうことかが説明できる。

ほかの人の役に立ち、世の中に変化を起こす人は、確かな道徳と倫理に基づいて生きている。誰かを大切に思うなら、その人に嘘をついたり、ものを盗んだり、何かの形で苦しめたりすることがずっと少なくなるからだ。

逆説的だが、ほかの人の利益のために行動すれば、自分を大切にすることにもなる。

ほかの人の苦しみや悲しみを繰り返し感じながら、それを和らげる行動を取らずにいると、共感による疲労や燃え尽き症候群に陥ることがある。しかし苦痛に対処する行動をとれば、喜びが大きくなる。だから、子どもの共感する力を伸ばすなら、誰かの利益や手助けのために行動できるよう、共感の5つの面すべてを育てたい。そして世界のなかで、積極的に行動する力になってほしい。きっと、自分の人生がもっと楽しくなる。

ほかの人の役に立つことは、自分の人生までよくする最良の方法の1つだ。

子どものお手本になる「共感する力」を持っていますか？

親の「思いやり」が子どもに「共感する力」を教える

親としてのあなたに、この上なく希望に満ちたメッセージがある。子どものなかに育てたい自己肯定感のスキルは、もちろん４つの力すべてだが、特に共感する力は、毎日の何気ないやりとりで養われる。つまり、子育ての重要な仕事は、子どもとまじめで重要な会話をしているときだけでなく、ただ遊んだり、本を読んでやったり、言い争ったり、冗談を言ったり、いっしょにいたりするだけで同じくらいきちんとできる。

共感する力について言えば、「もっとXちゃんの気持ちを考えなきゃ……」から始まるお説教は、子どもにいつまでも続く強い印象をなかなか残せない。もちろん共感についての会話は重要だが、もっとずっと有効なのは、**あなたが子どもに手本を見せ、あなた自身がその人を思いやることの意味をはっきり示すことだ。**特に、つらい思いをしている人に目標は、子どもの脳が、深いレベルでまわりの人の気持ちに向くような接続をつくることだ。

どのように思いやりを見せるかで手本になることは、子どものなかに共感する力を育てるのに役立つ。子どもはあなたの姿を見てものごとのやりかたを推測し、共感することを世界と向き合う無意識の基本的な方法にしていくだろう。

そして、子どもはそれを経験し、誰かを意味のある形で助けることに精神的な満足と喜びを感じて、共感を学ぶ。また、誰かに思いやりを見せないことにして、その判断にあまりいい気分がしなかったときにも学ぶ。たいていの大人が、子どものころ誰かを助けるべきだったのにそうせず、あとでどんなに悔やんだかを憶えているように。そういうすべての瞬間が、共感する力を育てていく。

目標は、**子どもの脳が、深いレベルでまわりの人の気持ちに向くような接続をつくることだ。**ほかの人を思いやり、善悪について考えるように接続された脳を育て、正しいことを進んでするように導いてやりたい。

デヴィンの両親が実践した子どもの「思いやり」を引き出す質問

共感について話し、手本を見せる以外に子どもの思いやりを引き出すためには、まわりの人が必要としていることに、子どもの注意を向けさせるといい。何度も繰り返し注意を向ければ、ニューロンが活発になって、共感する力がある脳の部分が強化される。

デヴィンが幼いころ、彼の両親がやったのはそういうことだ。ほかの人の経験や考えに注意を向けさせ、シナプスのつながりを促して強化した結果、デヴィンのなかに本当の意味での共感する力が育ち、16歳になってそれがはっきり現れるようになった。

両親はデヴィンに読み聞かせをするときには、こんな質問をした。

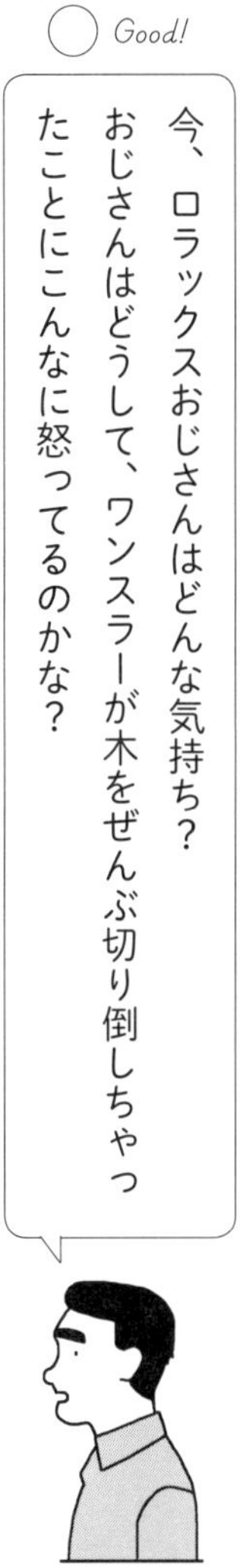
Good!
今、ロラックスおじさんはどんな気持ち？ おじさんはどうして、ワンスラーが木をぜんぶ切り倒しちゃったことにこんなに怒ってるのかな？

映画を見るときには、ときどき一時停止ボタンを押して、こんな質問をした。

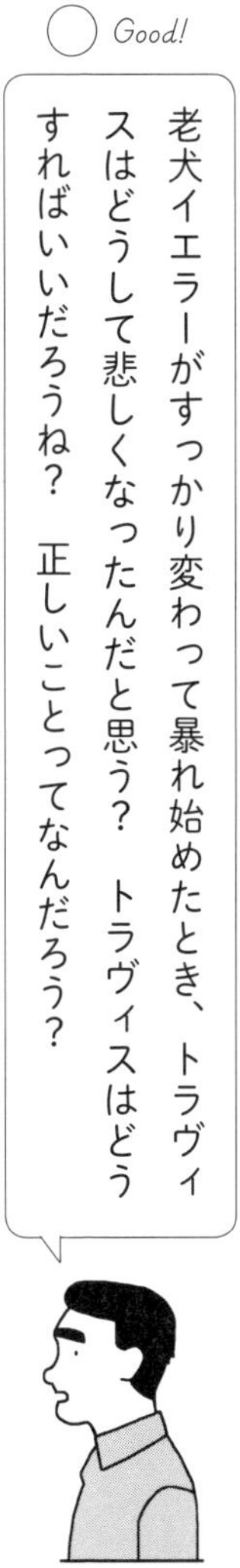
Good!
老犬イエラーがすっかり変わって暴れ始めたとき、トラヴィスはどうして悲しくなったんだと思う？ トラヴィスはどうすればいいだろうね？ 正しいことってなんだろう？

登場人物の感情と動機に注意を向けさせることで、ページや画面にいる人が、自分とはまったく違う個人的な興味や考えを持っていることに気づかせてやった。

テヴィンが気さくで倫理的なティーンエイジャーに成長したように、統合は、やさしさと思いやりという形で現れる。

そこから、現実にいる人々の生活について同じような質問をするのは簡単だった。毎日の簡単な会話で、基本的な質問が、マインドサイトと道徳、まわりの人に対する思いやりの感覚を高める足場をつくる。

「共感する力」と思いやりのある脳は育てられる

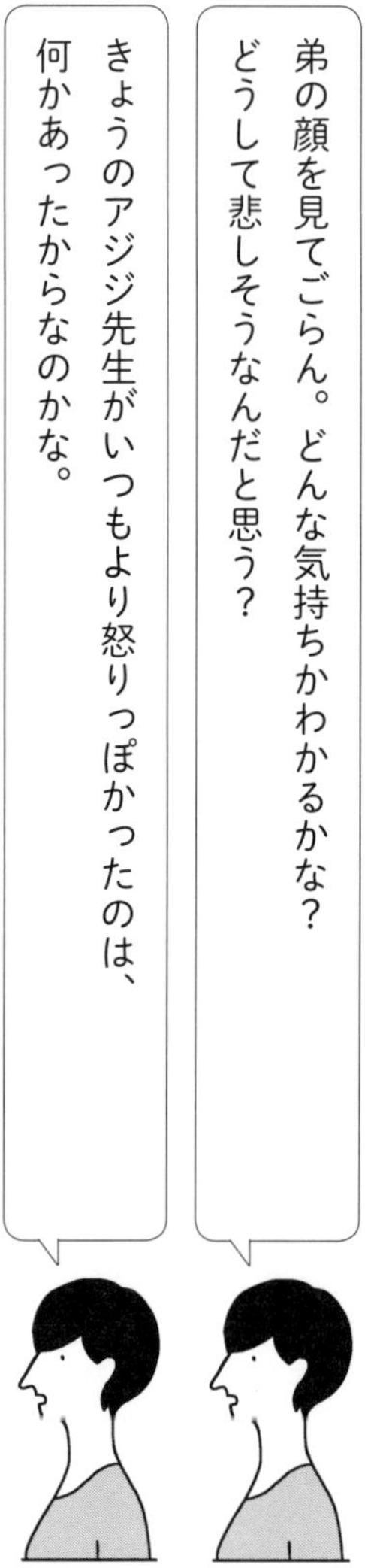
弟の顔を見てごらん。どんな気持ちかわかるかな？ どうして悲しそうなんだと思う？
きょうのアジジ先生がいつもより怒りっぽかったのは、何かあったからなのかな。

そういう経験が長年いくつもの会話で繰り返され、脳がさらに統合されていくにつれて、デヴィンは自己中心的な子どもから、たいていは（いつもではないが）思いやりのある気さくで倫理的なティーンエイジャーに成長した。統合された脳は、現実にこんなことを可能にする。**統合は、やさしさと思いやりという形で現れる。**

ネガティブな感情が「共感する力」を伸ばす？

もう1つ、両親がデヴィンの共感する力を伸ばすために決めたのは、「ネガティブな感情をきちんと味わわせること」だった。

子どもを過保護にすることで起こる問題については、ここまでかなり詳しく取り上げてきた。過保護にすると、子どもはいら立ちや失敗から得られる教訓や、立ち直る力を学べなくなる。プチプチシートで包まれた子どもは、共感する力をしっかり伸ばせない。

共感する力は多くの場合、ネガティブな感情を味わうことから直接生まれるからだ。

デヴィンが悲しみやいら立ちや落胆を感じたとき、両親はすぐさま気晴らしをさせたり、急いでものごとを修復したりせずに、きちんとその気持ちを味わわせた。そのたびに、デヴィンの共感する力は育っていった。自分が苦労したおかげで、心のなかに、ほかの人の苦痛を理解して共感するスペースができたからだ。もちろん両親は、そのとき苦しむ息子のそばに座って支えた。

デヴィンが幼いころなら、それは、祖母が引っ越すと知って泣いているとき、悲しみを忘れさせるためにすぐさまクッキーを焼いてあげるかわりに、もう1、2分抱き締めてあげた。成長して、もっと大きな落胆と向き合うようになり、たとえば中学校の見学旅行で友だち2人に無視されて、バスの席に1人で座らなければならなかったときには、学校じゅうのみんなに嫌われて永遠に友だちがいなくなるのではないかという恐れに耳を傾けてやった。

そういうとき、両親はすぐに楽しい気分に戻れるような提案をしてやりたくなったが、そうはしないで、まずできるかぎり愛情をこめて話を聞き、感情的な苦痛とはどういうものかをわからせた。そしてこんなふうに言った。

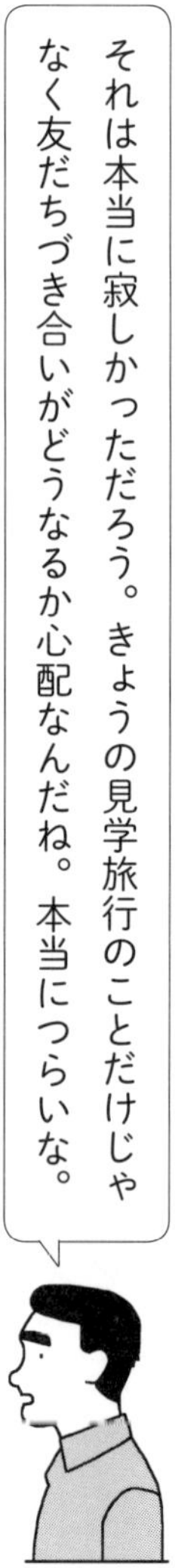
それは本当に寂しかっただろう。きょうの見学旅行のことだけじゃなく友だちづき合いがどうなるか心配なんだね。本当につらいな。

デヴィンが自分のネガティブな気持ちを発散し終わり、その経験についての意見を受け入れられるようになったら、両親は、感情的な苦痛を感じるのは楽しくないけれど、寂しさや不安を感じている人を理解したり思いやったりするのに役立つと、説明した。

息子をネガティブな気持ちから救おうと、その感情の流れを止めたりしないことで、両親はデヴィンを思いやりのある青年に、そしていずれは有意義な人間関係をつくれる立派な大人に成長していけるようにした。

子どもに「共感」を芽生えさせる脳の最新研究

1歳の赤ん坊もすでに「思いやり」を備えている！

ここ数年、科学者は共感について徹底的に研究し、ごく幼い子どもの脳のなかにも思いやりを育てる接続があることが、いっそうはっきりしてきた。

たとえば、1歳ほどの赤ん坊でも、誰かが取り乱したり悲しんだりしていると、たいていなんらかの方法で慰めようとする。よちよち歩きの幼児は自分の必要と欲求にばかり熱心なのがふつうだが、ほかの人を思いやったり、さらには人の気持ちや意図を察したりする能力を見せることもある。

ある研究では、研究者と1歳半の幼児のやりとりを調査した。幼児がなついたあと、研究者はものを落とすふりをする。幼児は一瞥《いちべつ》して、もののところまでハイハイして行き、それを拾って研究者に手渡した。この後ふたたび研究者がわざとものを投げ落とすと、幼

「共感」や「思いやり」はほかの動物にはない人間が生まれながらに備えている能力だ。

児は「意図的な行為」だとわかって、手助けをしなかった。つまり、**脳が未発達の幼児も、大人が手助けを必要としているときを感じ取れる**のだ。

興味深いことに、研究者たちはチンパンジーでも同じ実験をしたが、チンパンジーはたとえ研究者を知っていて友人と見なしていても、あまり熱心に助けてはくれず、人間の幼児が見せたほどの共感は示さなかった。人間は生来の能力として、共感と協力が脳内に組み込まれているらしい。

「人間は生まれつき自己中心的である」という最新研究

共感がどこから発生して、脳内でどんなふうに発達するのかについての興味深い研究も現れた。

たとえば、ある科学研究では、おそらく意外ではないだろうが、人間が生まれつき自己中心的な傾向を持つことがわかった。

人は〝**感情的自己中心性バイアス**（EEB）〟と呼ばれるもので動いている。それによって自分の世界の見かたが、必然的にほかの人の見かたと似通っているはずだと思い込む。

この自己中心的な傾向は、極端になると、さまざまな問題につながる。たとえば、自己陶酔、偏狭さ、短気、不寛容、頑固さ、自分とは違うと感じる人を責めたり勝手に判断したりする傾向などだ。

もし自分の見かたのほうが誰かの見かたより優れていると思い込んでいれば、敬意と思いやりを持ってその人を見るのがむずかしくなる。そしてもちろん、ふたりは有意義な関係をつくれず、満足のいく会話ができなくなるだろう。

だから、**成長とは、人間が生まれつき持っている自己中心的な傾向を乗り越える能力を育てることでもある。**

幸いにも脳には、自己中心性が特に強くなったことに気づき、考えを調整する部分がある。右縁上回《えんじょうかい》（ｒＳＭＧ）と呼ばれる部分で、ご推察のとおり、2階の脳にある。脳全体の機能のなかで重要な役割を果たす部分として、タイミングと経験に基づいて発達し、子どものなかに共感を芽生えさせている。

ｒＳＭＧが正常に働かない、あるいは子どもの場合まだ発達していないと、人は自分の気持ちや事情をほかの人のものと区別できない傾向がある。しかしありがたいことに、2階の脳にあるたくさんの部分と同様、子どものｒＳＭＧは成長とともに発達し続け、まわりの人の経験や気持ちに繰り返し注意を向けて、その部分をたくさん使ううちにいっそう機能的になっていく。

これもまた、学べるスキルであり、発達する脳の一部だ。共感について考え、練習すればするほど、将来もっと共感する力を身につけられる。

中学校教師の「共感する力」が生徒の停学率を下げる

最近の研究で、中学校教師にもっと共感を持って生徒を見るように促す効果が調査され、共感する力の大切さがみごとに実証された。

ご存じのように、アメリカの学校の停学率は上昇し続けていて、教育研究者たちは当然ながら、その理由を探る努力をしている。罰則を基本にした教育方針のせいだと考える者もいる。生徒に自制心が足りないことを強調する者や、生徒の数が多すぎる教室や教師の訓練不足を挙げる者もいる。

この特殊な研究は、そのような意見とは違う方向から問題に取り組んだ。カリフォルニア州の5つの異なる中学校に所属する教師たちに、生徒の素行不良の理由を考えるオンラインプログラムを2つ、2カ月の間隔を置いて完了するように依頼した。

生徒の素行不良の理由には、ティーンエイジャーの世界のむずかしい社会力学や、生徒の体や脳に起こっている生物学上の、またはホルモンの変化などさまざまなものがある。教師は研究について学び、学業の成功と、もう一方にある安全で愛情と敬意に満ちた教育環境について耳を傾けた。オンラインプログラムは、生徒が教師に大切にされ評価される

さまざまな研究結果によって「共感する力」が他者に大きな影響を与えることが示されている。

と、感情とふるまいが改善することを強調していた。

おそらく結果は予測できるだろう。

人種、性別、家計収入、その生徒が過去に頻繁に問題を起こしていたかどうかにかかわらず、教師がオンラインプログラムを受講しなかった対照群に比べて、教師が生徒の経験を考えるように求められた場合、停学率は大きく下がった。

じつのところ、基本的に行政区に費用がかからないこの〝共感の訓練〟に参加した教師の生徒は、停学になる割合がなんと半分になった。停学率が、慢性的失業やときには犯罪など、人生における重大なマイナスの結果に関連していることを考えると、本当の問題を変える真の力とは、まさにこのことだ。

だから、共感する力が誰かの人生に確かな影響を与える大きな可能性について、わたしたちが話すとき、それは心からのことばなのだ。ほかにも多数の科学研究が、子どもだけでなく大人についても、思いやりと共感の力をはっきり示している。

医者に共感されると、患者の「免疫力」は上がる？

たとえば研究によると、医者がいわゆる〝臨床的共感〟を示すと、患者は医者に尊重されていると感じて、治療に満足することが多い。

ある研究では、風邪を引いた患者でさえ、**医者が共感をこめたことばをかけると、通常より1日早く病気から回復し、免疫力がずっと高まる**ことが示された。そのうえ、診断がいっそう精確になり、全般的な医療の成果が改善し、医療ミスの訴えまで減っている。しかも、医者自身が仕事の満足度の向上と、全般的な幸福を報告している。

複数の分野にまたがるこういう研究は、他者への思いやりが持つ力を裏づけ、共感が子どもの攻撃性や問題行動を減らし、全般的な家族や結婚の動向を活発にし、性的暴行や家庭内暴力を減らすことを示している。

つまり科学は、ほかの人を思いやり、ほかの人の見かたを意識しようと努めれば、人生で経験するものごとの意義や重要性が高まることを裏づけている。

自己肯定感4つめの力である共感する力とは、生きていくうえで重要な統合の経験ができるすばらしいツールだ。共感する力があれば、区別を保ちながら、ほかの人との重要なつながりが得られる。人は社会的な生き物であり、共感は人生に統合をつくる力強い経路だ。単純なことだが、とても重要でもある。

自己肯定感に基づく「共感する力」を育てる方法

「共感する力」を育てる方法1――子どもの「共感のレーダー」を調整する

子どもの思いやりを育てるための最良の方法は、共感のレンズを通して状況を見られるように、脳の人づき合いのシステムを活性化させてやることだ。わたしたちはこれを、子どもの「共感のレーダー」を調整する、と言う。

共感のレーダーが活性化すると、子どもはほかの人の気持ちに気づいて寄り添い、ことば以外の合図も見つけられるようになる。感情的な読心術のようなものだ。

それは単に、自分ばかりしゃべりすぎていないか意識することや、機嫌が悪いときも礼儀正しく仲よくやる方法を見つけることかもしれない。あるいは、ほかの誰か（疲れている親かもしれない！）が不機嫌なときに気づいて、その人を怒らせないようにもっと気をつけたりすることかもしれない。

共感のレーダーが活性化して心遣いのできる状態にあれば、まわりの状況を見て、人を幸せにしたり、どうにかして苦痛を和らげたりする方法を探すのがうまくなる。そうしながら、適度に自分を大切にすることも忘れない。

子どものなかの共感のレーダーを作動させるには、たくさんの方法がある。

たとえば、第3章で取り上げたように、好奇心をかき立てて、状況をとらえ直すこともできる。たとえば、クラスメートがかんしゃくを起こして遊び場から駆けていってしまったら、とっさの条件反射的な反応は、

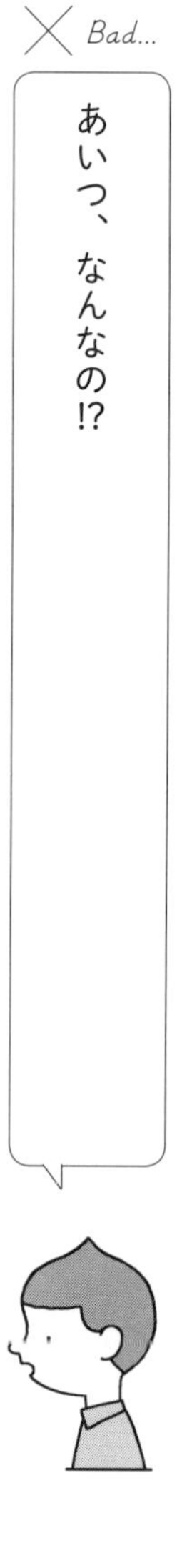
Bad...
あいつ、なんなの!?

と言ってしまうことだ。そうではなく、好奇心をかき立てて、

Good!
あれ、どうして、あんなふうに泣いてたのかな?

などと、違う尋ねかたをして、全体の筋書きをとらえ直す手助けをしよう。
子どもが状況をとらえ直すのを手伝い、すぐさま怒って責めたりせずに、好奇心と受け入れる力と優しさを持って質問できるようにしてあげよう。２つの異なる質問に表れているように、とらえ直すという簡単な行為が、子どもにとっても人生で出会う人々にとっても思いやりのあるコミュニケーションの経験をつくり出す。

10歳の息子に、クラスメートの気持ちを想像させるロールプレイ

状況をとらえ直す具体的な方法は、ロールプレイをすることだ。たとえば、10歳の息子がカッカしながら帰ってきて、

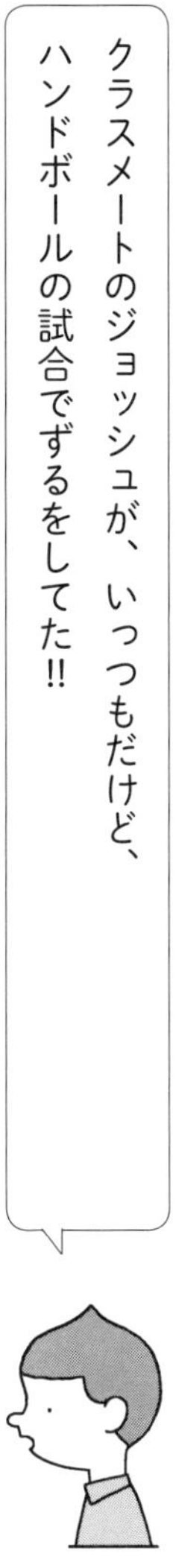
クラスメートのジョッシュが、いっつもだけど、ハンドボールの試合でずるをしてた!!

と言う。ジョッシュについての文句は何度も聞いているので、あなたは新しいことを試して、息子とロールプレイをしようと決める。
あなたはこう言う。

わたしがあなたの役、あなたはジョッシュの役ね。

そして、息子の役を演じながら、こう言うかもしれない。

「ジョッシュ、ハンドボールで完全にずるしてたよね。2回続けてドリブルしちゃいけないのに、きみはやってた。それに、あのシュートをきみはアウトだと言ったけど、本当はギリギリで入ってた」

たぶん息子は、ジョッシュとしてどう答えていいのかわからず、

「いや、入ってないよ」

と言うだけかもしれない。

しかし、もっと深く考えるよう促せば、なぜジョッシュがそんなにしょっちゅうルールを勝手に変えるのかを想像するだろう。最後には、まだジョッシュになったふりをしながら、こう言うかもしれない。

「何かで勝ったことなんてないから、たまにずるをするんだよ……」

あるいは、ジョッシュの両親について、知っていることを思い出すかもしれない。もしかするとお父さんがよくヴィンス・ロンバルディ（訳注：1960年代に活躍したアメリカン

このロールプレイは、子どもに「人の視点」を考えさせる方法として覚えておくべきだ。

フットボールのコーチ）のことば――「勝利がすべてではない。勝利しかありえないのだ」――を引用するせいでジョッシュはひどく競争心が強く、負けることが受け入れられないのかもしれない。

ここでも、息子がこういう深い考えにたどり着くには、あなたが何度も導いたり促したりする必要があるが、すべてが完璧に自然に感じられなくてもいい。ただジョッシュの視点に立つ手助けをしてやることで、息子が少しばかり感情的な読心術を練習して、ジョッシュのふるまいには理由があるのかもしれないと気づく機会を与えられる。

そうすれば、今の時点では人を許す気持ちを、長い目で見れば忍耐強さを養えるだろう。

子どもの「共感のレーダー」を作動させるためにやるべきこと

多くの場合、子どもの共感のレーダーの感受性を高めるいちばんの方法は、**ひどい目に遭った人や、何かの仲間外れになった人が支えを必要としている状況に、目を向けさせることだ。**

子どもの世界での典型的な例は、誰かがいじめられている状況だろう。あなたが仮定の状況をつくってもいいし、子どもの学校でのいじめの現状でもいいかもしれない。

ほとんどの子どもにとって、いじめられている子に同情するのはむずかしいことではない。簡単な質問を1つすれば、そこにたどり着く。

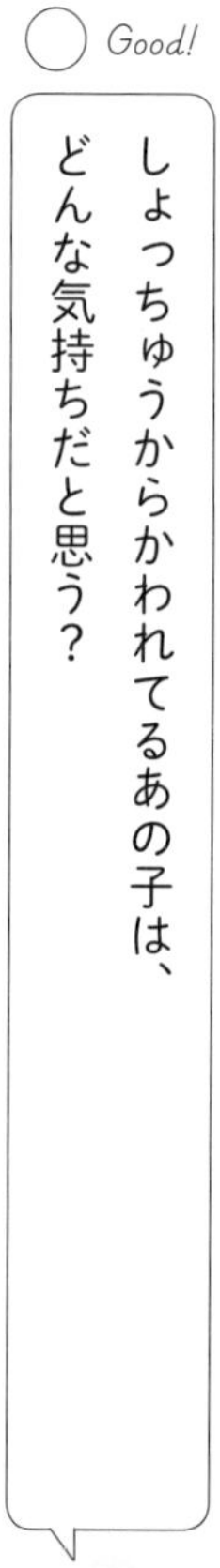
Good!
しょっちゅうからかわれてるあの子は、どんな気持ちだと思う？

それから、誰かが脅されたり、なんらかの虐待を受けたりしているとき、どう対応するのがいちばんいいかを話し合えるだろう。

誰かがバカにされたり、のけ者にされたり、何か手荒な扱いを受けたりしている状況でも同じだ。ただ自分がその立場に置かれたらどう感じるかを子どもに考えさせるだけで、共感のレーダーを作動させる役に立つ。

共感する力を育てるには、まじめな会話をするのもいいかもしれない。けれど、もっと頻繁に毎日のよくある状況を使って、思いやりをはぐくむ機会を繰り返し与えよう。たとえば寝る時間にいっしょに「安らぎの祈り」をする。「きょう学校で悲しそうにしてた友だちのトムに、安らぎを」、「きれいな水が飲めない人たちに、安らぎを」などなど。

またたとえば、夕食に並ぶ食べ物が手に入るまでにかかわった人たち全員について、子どもといっしょに考えてみるのも、自分以外の人たちに思いをめぐらせるよい方法だ。ほかの人の経験を考えるという行為そのものが、共感のレーダーを作動させるまったく新しい機会を生み出す。

誕生日や祝日なども、ほかの人の望みについて考えるチャンスを子どもに与える。最近の子どもの誕生日会では、誕生日の子にギフトカードを渡してすませることが多くなってきた。この傾向は別に悪くないが、贈り物をするこれまでの習慣で得られていた機会がなくなってしまう。

子どもは贈り物をするとき、友だちが欲しがったり喜んだりするものを考えて選ばなくてはならない。祖父母やおじおばへの贈り物でも同じことが言える。誕生日の子が自分で好きなものを買い、カードにみんなの名前を書いてもらうほうがずっと簡単なのは確かだ。

しかし、**相手のために贈り物を選び、色画用紙と糊で手製のカードをつくるとき、子どもはどうすればほかの人が喜ぶのかを考える。**それが、共感のレーダーの感受性を大きく高めるはずだ。

「共感する力」を育てる方法2――共感のことばを教える

共感する力を育てるもう1つの方法は、誰かへの思いやりを伝えるための語彙を与えてやることだ。子どもはほかの人の視点に立って気持ちを感じ取れたとしても、その共感を伝える「ことば」がまだ発達していないことが多い。

感情的になってしまったときは、責めたりけなしたりするより、「自分を主語にして話す」

だから、教えてあげよう。

これは、誰かが傷ついているとき、助言をする前によく話を聞くなど、効果的な感情コミュニケーションの基本を手ほどきすることでもある。

また、**「自分を主語にして話す」**など、確かな方法を教えることでもある。〝あなた〟が何をしたかより、〝わたし〟がどう感じたかに焦点を当てるほうがずっと効果がある。

責めたりけなしたりするより……

× *Bad...*

おまえは、いつもクレヨンをなくすんだ！

「自分を主語にして話す」ことを教える

○ *Good!*

クレヨンをもとに戻してくれないと、**ぼくは**頭に来ちゃうんだ。

謝るときも同じだ。娘が小さな弟を押してプールに落としたなら、「ごめんね」でもいい。けれど、弟の気持ちに注意を向けるよう教えれば、もっと思いやりと心遣いを見せら

れる。娘は自分のことばで、こんなふうに言うかもしれない。

あたしはおもしろいと思ったんだけど、あんたは水にもぐる前に息が吸えなかったんだもんね。怖かったよね。あんなこと、するんじゃなかった……。

共感のことばをはぐくむ手伝いをしてやれば、思いやりのあるコミュニケーションが取れるようになるだけでなく、脳のニューロンの活性化と成長を刺激して、共感する力を育てられる。

「飼い犬が死んだ友だち」に声をかけるなら

子どもに教えられる共感のことばのスキルとしてとりわけ重要なのが、誰かが傷ついているとき、どうやって思いやりを伝えるかということだ。誰かが苦しんでいるとき、子どもが気づけるようにして、思いやりを持って対応する方法を教えたい。ごく幼い子どもの場合、目標はたいてい、その誰かの経験に加わらせることだ。こんなユーモラスな例がある。ティナの3歳の息子ベンはある日、友だちのアンドリューの飼い犬が死んでしまったことを聞いた。ベンは同情して、自分の2匹の金魚、ギッチグーミーとパイレート・パイレートも最近死んでしまったことを話した。それから、しばらく黙って、懸命にいくつかの細かいできごとを組み合わせようとし、ママといっしょに死んだ金魚をトイレに流したことを思い出した。そして尋ねた。

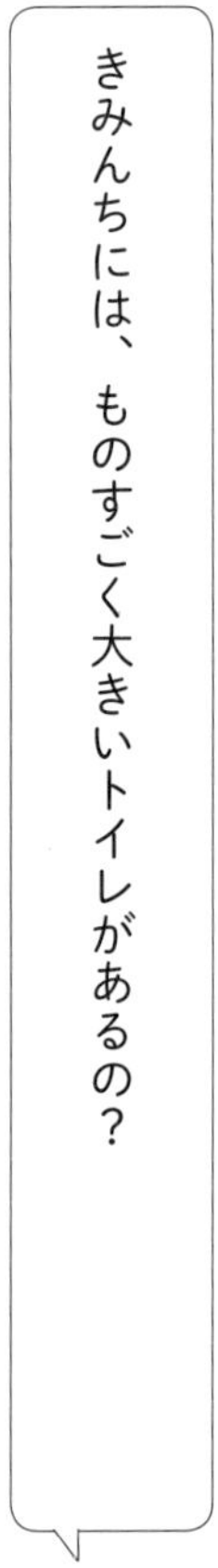
きみんちには、ものすごく大きいトイレがあるの？

子どものすばらしいところは、こんなふうに、ほかの人の経験に加わる意欲があることだ。成長するにつれて、もっと意味のある形で手助けしたいという気持ちが生まれる。

子どもも大人と同じように、傷ついている人がいると、

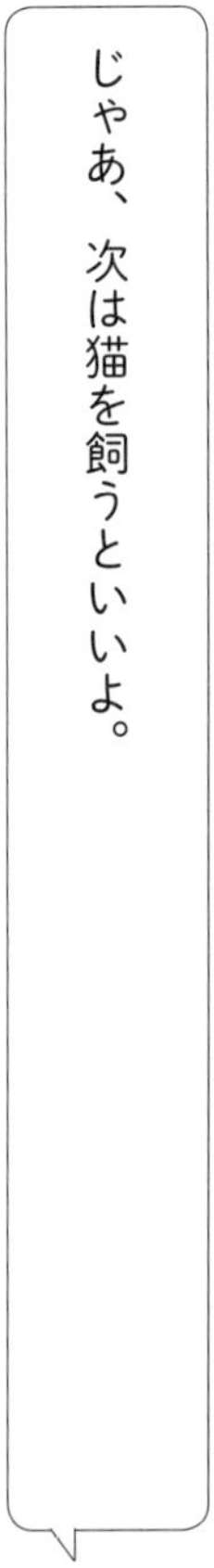
じゃあ、次は猫を飼うといいよ。

などと、すぐさまアドバイスをするか、苦しみを和らげるために強引に明るくしようとすることが多い。

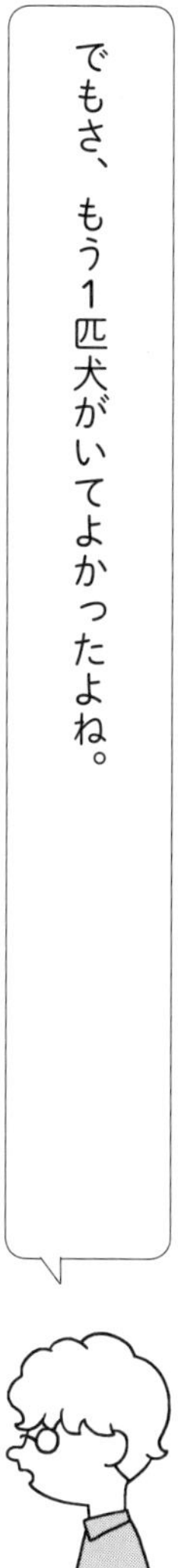
でもさ、もう1匹犬がいてよかったよね。

善意から出たこういう反応は、子どもが思いやりを持っている証拠なので、その優しい心をほめてやるべきだ。けれど、共感は助言することや明るい面を見つけることとは少し違う。むしろ、**耳を傾けたり、そばにいたり、気持ちを分かち合ったりすることだ。**そのために子どもには、こんなことばを教えたい。

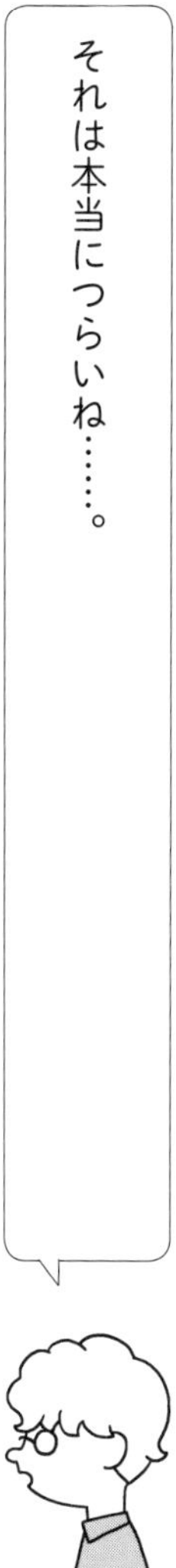
それは本当につらいね……。

なんて言えばいいのかわからないけど、とても残念だよ。

他人の悲しみに共感するときは助言するのではなく……耳を傾けてそばにいよう、と教える

× Bad...

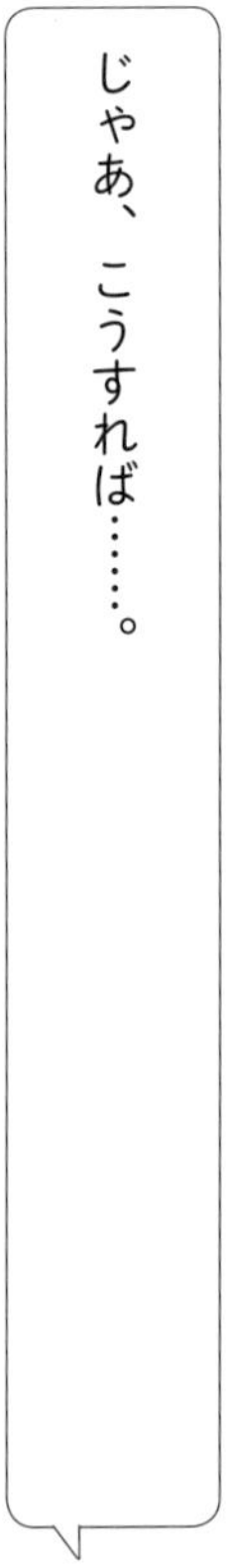
じゃあ、こうすれば……。

○ Good!

すごく悲しいだろうね。

共感のことばを教えるときには、どの年齢の子どもにも期待しすぎないように気をつけなければならない。

大人でさえ、取り乱しているときには自分の気持ちをきちんと表現できないことがあるのだから。しかし練習すれば、ごく幼い子どもでも、共感をこめた基本的な会話のスキルを使えるようになる。そして、もっと深い人づき合いに向けた準備を整え、大人に成長するにつれて、豊かで意義深い人間関係を築く足場をつくっていける。

「共感する力」を育てる方法3――「関心の輪」を広げる

思いやりのある脳を育てることについて語るとき、親はよく、人生で出会う人たちを大切にするように教える。家族、友だち、学校のほかの子どもたち、などなど。

しかし、まわりの人の望みや必要に気づくことも重要だが、真の共感は、家族や友人への思いやりを超えたところにある。共感する力のある脳は、その「関心の輪」を広げて、親しい関係の外にいる人々への意識と理解を高めていく。

子どもの関心の輪を広げる方法はいろいろある。ここでもやはり、人の内面の世界に触れさせることが大切になる。子どもが自力では気づけないことに、意識を向けさせよう。

住んでいる地域が猛暑に襲われたら、

ホームレスの人たちは、どんなに喉《のど》が渇いてるだろうね。

子どものプチプチシートを外し、知らない人とも交流させることで関心の輪が広がる。

エアコンがなくてひどく困っている人がどのくらいいるんだろう。

子どもに話してみよう。

そしていっしょに、それがどんな人たちなのかについて考え、手助けする方法があるかアイデアを出し合おう。あるいは、雪が降ったときには、歩道の雪かきや買い物に手助けが必要な人が近所にいるかどうか考えよう。ほとんどの子どもは、親がまわりの人の必要に気づかせてあげれば、喜んで手助けするものだ。

ボランティアや地域奉仕活動は、世の中の人々が向き合う苦労を子どもに見せる有効な方法だ。もしあなたの子が、プチプチシートに包まれて育っているようで心配なら、いっしょにホームレス支援施設や高齢者施設、病院などを訪れるか、ボランティアに加わってみよう。いつものように、それぞれの子どもの年齢と発達段階に気をつけ、手に負えない問題に向き合わせてはいけない。

しかし、**子どもがほかの人の苦しみに気づいて思いやれるようになるには、自分の目で見るのがいちばん効果的だ。**いったん意識に光がともれば、それはひとりでに大きくなっ

て輝き始める。

また、自分とは違う生いたちの人々が参加する活動に興味を示して、子どもの関心の輪を広げることもできる。単純に、さまざまな地域社会や近隣の子どもたちと交流できるスポーツや活動に参加させるだけでいいかもしれない。そうすれば、子どもはあなたのプチプチシートの外にいる人に出会える。

あるいは、ほとんどの都市にある外国人が暮らす地域のレストランや図書館、教会などを訪れて、そこの人々に会おう。異国的な場所を訪れる観光客としてではなく、進んで異なる習慣を学んで尊重し、世界と交流する人間同士として訪ねよう。

子どもの関心の輪を広げるための、正しい方法は１つではない。肝心なのは、ほかの人の視点と必要に対して、子どもの目を開く機会をうかがうことだ。すでに知っている人たちと、あなたが教えなければ考えてもみなかった生活を送る人たち、どちらについても。

「共感する力」を子どもに教えよう

こんなふうに実際に子どもと話してみよう

思いやりのある脳を育てるとは、ここでもやはり、自分自身の視点を超えて誰かの経験について考える手助けをすることから始まる。

「心の目で見る」ことを教えると効果的だ。

ここまでは、自分がどんな気持ちか、自分のなかがどうなってるのかに気をつけることについて、たくさん話してきた。

ここでは、ほかの人のなかがどうなってるのかを見ることについて話そう。

友だちの心のなかを見る練習をしよう。

友だちを見ると、外側がどんな感じかが見える。レントゲン写真があれば、体のなかが見える。

でも、心も見ることができるって、知ってたかな？

その子がどんな気持ちなのかに気づくときがそうだ。

楽しいとか、悲しいとか、怒ってるとか、ワクワクしてるとか。

心の目を使って誰かを見るとき、その子の顔だけじゃなく、体にも気をつけてほしい。

体のようすを見ただけで、その子がどんな気持ちかわかるかな？

カーター

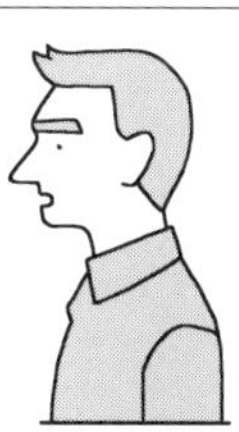

この子はカーターだ。

悲しそうだと思ったなら、当たり。

学校で大きな子に意地悪されて、転ばされたから悲しかったんだ。

カーターはお姉ちゃんのロッティーに悲しいって言わなかったけど、ロッティーは心の目で見てわかってくれた。

弟の気持ちが見えて、自分の心も痛くなった。

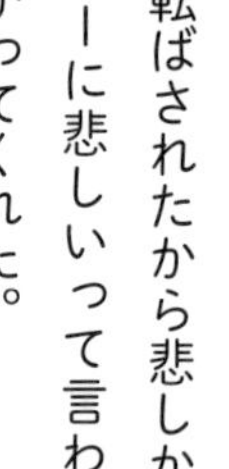

姉のロッティーは心の目でカーターを見て、弟と話したほうがいいとわかった。弟の気持ちを尋ねて、2人でいじめっ子についてママに相談することにした。

今度まわりの誰かが悲しそうにしてたら、心の目で見てごらん。
その子がどんな気持ちなのかをよく見るんだ。
その子のなかがどうなってるのかに気づけたら、
何をすればいいか、たぶんわかるよ。

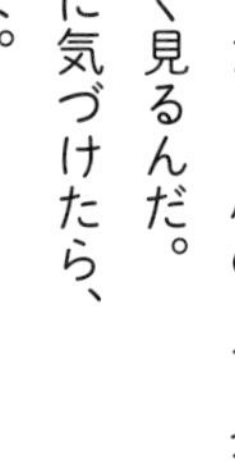

あなた自身の「共感する力」を高めよう

自分への思いやりが「共感する力」を育てる

ここまで、子どもにほかの人への思いやりを伝えて、傷ついている人をいたわる「共感のことば」を教える方法について語ってきた。

次に、大人のあなたに、人生で出会った人がむずかしい状況にぶつかったとき、どう共感するかを考える方法を紹介したい。

重要なのは、自己を区別する感覚を保ちながら、手を差し伸べてほかの人の気持ちを受け止められるようになることだ。研究で明らかになったところでは、人は他者の苦しみを自分のもののように感じるときよりも、手を差し伸べて助けるときにこそ、バランスを保ちながら他者を心から思いやれる。区別をなくすほど感情的に共鳴すると、燃え尽きたり、心を閉ざしたりすることにつながり、消耗して人助けなどできなくなる。

バランスを保ちながら共感する力を伸ばすうえで重要なのは、**自分に対する共感を養うこと**だ。親が自分に対して優しくするお手本を示せば、子どもが同じように自分に向き合う方法を教えられる。

自分自身への共感を持つとは、自分に甘くしたり、期待の水準を下げたりすることではない。自分の親友となら、どんな話をするか想像してみてほしい。心を開いて注意深く耳を傾け、すぐに判断はせず、ただそばにいて、話を受け止めようとするだろう。

あなたは相手に優しさと思いやりを見せるのではないだろうか？

優しさとは、誰かのもろさを尊重して、見返りを何も期待せずに支えになることと考えてもいい。**思いやりとは、ほかの人の苦しみを感じ取って、どうやって気分をよくしてあげたらいいかを考えてから、苦しみを減らすための行動を起こすことだ。**間違いを犯した友だちには、こんなふうに言うこともある。「ああ、わたしも同じことをしたわ」とか、「人はみんな、ときどきそんなことをするものさ」とか。

心理学者のクリスティーン・ネフは、自己への思いやりの3つの重要な側面を明らかにした。「注意深く心を配ること」、「愛情を持つこと」、「より大きな人間社会の一員という意識を持つこと」だ。自分に対するこういう共感の要素を養えば、子どもにも教えられる内面の優しさと思いやりをつくっていける。それが、生涯にわたって続く自分への共感をつくる自己肯定感のありかただ。

終章

「成功」とは何か
——「自己肯定感」に支えられた人生

子どもの成功を「本当に」考えるとき

子どもをマイナス脳に追い込む現代の成果主義

子どもにとって人生の成功とは何かを考えるとき、あなたが思い浮かべるものはなんだろう?

わたしたちはここまで、プラス脳による自己肯定感に支えられた成功について語ってきた。それは、子どもが自分自身に誠実でいられるよう助けながら、キレない力、立ち直る力、自分の心を見る力、共感する力を持って世界と交流できるよう、スキルを養うことに基づいている。

本当の成功は、子どもが心を開いて自分の経験を受け入れる方法を身につけ、新しいチャレンジに積極的に取り組み、自分の強さを理解して逆境を乗り越えられるようになったときに得られる。

マイナス脳の思考では人生に必要な４つの資質を育てることはできない。

しかし、現実を見てみよう。

現代文化の大半を導いている成功の定義は、それとはだいぶ違う。多くの親や学校は、まったく別の形の成功に駆り立てられている。たいていは、外側だけの評価で決まる成功だ。現代につくり上げられた社会と学校の環境は、失敗と力不足の判定が今にも迫ってくるような感覚に満ちていて、子どもやティーンエイジャーは、マイナス脳の状態になることが多くなる。

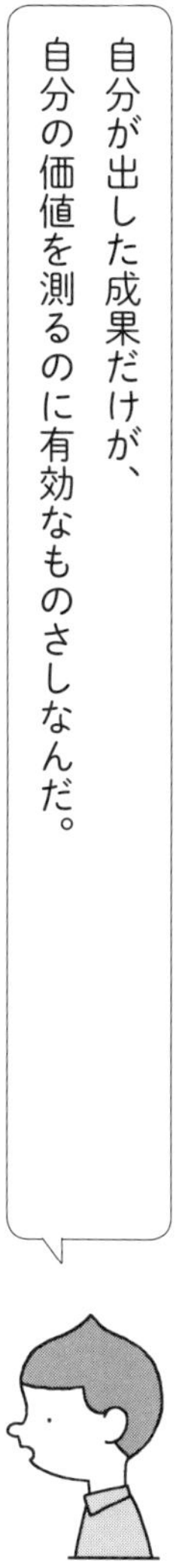
自分が出した成果だけが、自分の価値を測るのに有効なものさしなんだ。

こういう考えは、マイナス脳の思考だ。それでは、自己肯定感は育たない。

わたしたちがそういうマイナス脳の思考に賛成できないのは、それが自動的に失敗につながるからではない。それどころか、外面的な評価に基づいたすばらしく大きい〝成功〟さえ生み出せるだろう。多くの人がそうするように、優秀な成績、運動や芸術での成果、教師や他の大人からの評価などで成功を測るなら、なおさらだ。外側からの成功のものさし、目に見える目標で得られるのは、こういう種類の達成だろう。

しかし、**ルールに従い、枠のなかに色を塗ることばかりしている子どもは、人生のなかで冒険したり新しいことを試したりすることは、あまりない。**

多くの場合、しきたりと現状にかたくなに従うことが、教師などの権威ある人からごほうびシールをもらえるもっとも確実な方法だからだ。

しかし明らかに、**ごほうびシールは、子どもの最高の目標ではない。**

つまり、わたしたちのおもな目的は、ほかの人を喜ばせるのが得意な子にすることではない。特に、そのせいで、探求心や想像力、好奇心、プラス脳のあらゆる側面から生まれる意義や高揚感を逃してしまうとすれば……。

もちろん、子どもには、ほかの人と仲よくし、ありとあらゆる状況で落ち着いていられる社会的なスキルを学ぶとともに、学校やさまざまな活動でうまくやってほしいと思う。しかし結局のところ、人を喜ばせてごほうびシールをもらうことは、人生の目的にはならない。エリート私立学校の競争心が強すぎる子どもたちだろうと、満足な教育を受けられず見捨てられたように感じながら生き残ろうと努めている子どもたちだろうと、それは同じだ。そういう外面的な動機を、重要な判断をするときの基準にしてほしくはない。

それよりも、子どもには自分にとっていちばん大切なもの、本当に幸せにしてくれるものを見つけてほしくはないだろうか？

その過程でもすばらしいことをなし遂げられるし、能力にふさわしい支援者や称賛を得られるだろう。その動機は、あなたやまわりの誰かを喜ばせるためではなく、子ども自身の内面から生まれたものであるはずだ。

どうすれば、子どもが人生でこういう本質に基づいた真の成功をつかむ手助けができるだろう？

親としては、**それぞれの子どもの個性を認めて尊重することから、始まる。**

どの子どもにも内なる輝き、独自の気質とさまざま経験の組み合わせがある。親はその炎をかき立て、子どもが自発的に〝最高の自分〟をめざせるようにしてやりたい。

マイナス脳は、好奇心を抑え込んで、それぞれの子どものなかで燃える炎を消してしまう恐れがある。対照的に、プラス脳の状態で自己肯定感が高いと、柔軟性と立ち直る力と強さがはぐくまれ、その人独自の「炎」を大きく燃え立たせることができる。

子どもの内なる輝き
——「個性」や「才能」を尊重する

子どもの才能を生かした成功を手助けするために

内なる輝きという考えは、古代ギリシャの概念、「エウダイモニア《eudaimonia》」を思い出させる。意義とつながりと安らぎに満ちた人生のことだ。

このギリシャ語そのものが、自己肯定感を表している。接頭辞の「エウ《eu》」は、〝真実〟あるいは〝善〟を意味し、「ダイモン《daimon》」は、人が真実の内なる輝き、または自己を持っているという概念を表す。エリザベス・レッサーが著作のなかで、内なる本質、〝強く輝かしい〟〝その人に内在する独自の個性〟と描写しているものだ。

子ども独自の内なる本質を認めて尊重してこそ、真実の上質な人生へと導ける。

大人へと成長していくにつれ、内なる本質に気づくことで得られるすべてを、子どもに経験させたくはないだろうか？

子どもが自分の才能と望みを生かした形で成功できるように、自分の個性を発見する手助けをしよう。

レッサーはこう書いている。

「真の自分に触れる人々は、似通った性質を持っている。優しさと強さをあわせ持つ人たちだ。ほかの人が自分をどう思うかはあまり気にかけないが、ほかの人の幸せはとても気にかける。自分自身をとてもよく知っているので、どんな人にも心を開ける」

自己肯定感が導く成功を、なんとみごとに表現しているのだろう。

自己肯定感に基づく子育ては、それぞれの子どもが、こんなふうに自分の内なる本質に絶えず触れて、内なる羅針盤をはぐくめるようにする1つの方法だ。

それぞれが持つ内なる本質に、不変のものは1つもない。ここで肝心なのは、生きることそのものへの意欲と敬意に心を向けるという考えかただ。

自己肯定感を育てるとは、人生を真の成功へ導く手助けをするということだ。最終的なゴールよりも過程を重んじて、外側から測れる成果だけでなく、きちんとした努力と探究を後押しするということだ。型にはまった成功の定義を子どもに押しつければ、そういうものは何ひとつ得られない。

ただ成功するだけでなく、自分の才能と望みを生かした形で成功できるように、自分の個性を発見する手助けをしてあげよう。

本当に幸せな人生を歩んでもらいたいなら

「ごほうびシール」だけが人生の目標ではない

ここで、自分の子どもについて考えてみよう。

あなたは、子どものために何を望むだろう?

すべての親は子どもに幸せになって成功してほしいと願っているが、実際にはそれはどういう意味だろう?

外からごほうびシールを(優秀な成績、音楽の賞、スポーツでの業績などの形で)もらうのはちっとも悪くない。しかし、本当の成功について、親たちがかなり限られた見かたをしているのが心配だ。ごほうびシールの獲得にばかり注目して、子どもをほかの人の期待に従うままにさせている親があまりにも多い。

自己肯定感を養う子育てを逃すことが、ときに大きな損失になるのではないかと、わた親にとっての長い目で見た目標は、子どもに４つのスキルを獲得させること！

したちは心配している。

成功の定義を広げるべきだと主張しているのは、それが理由だ。もちろん、自己肯定感が導く成功にも外面的な成果やごほうびシールの余地があっていいが、長い目で見た目標は、キレない力、立ち直る力、自分の心を見る力、共感する力に基づく内なる羅針盤をはぐくむことだと常に心に留めておいてほしい。**子どもが統合とつながりのある脳を発達させて、豊かな人間関係と、世界との意義深い交流、心の平静に満ちた人生を送れるように手助けすること**が重要なのだから。

プラス脳は、あなたの子が成功したり、よい成績を収めたりすることをまったく妨げはしない。むしろそれは、短期（不安やキレやすさの高まりなどの形で）と長期（バランスや立ち直る力、自分に対する理解、共感の不足などの形で）の両方で、マイナス脳から生まれる多くの損失や欠点を避けるのに役立つ。

「成功のランニングマシン」で走り続けていませんか？

本書をここまで読んでくださったかたは、おそらくすでに、自己肯定感という概念に興味をそそられているだろう。つまりあなたは、子どもの内なる輝きの炎をかき立てて、独自の才能を最大限に生かしたいと思っている。

わたしたちも、自分の子どもたちを育て、毎年何千人もの親御さんと話しているので、外面的な成功の定義にたやすく引きつけられてしまうのはわかる。自己肯定感の視点から子育てすることに熱心に取り組んでいても、周囲の圧力や恐れにいつの間にか強い影響を受けてしまうかもしれない。あるいは、子どもの人生を自分が生きている気になって、子どもの成功を自分の成功と信じたい気持ちに駆られるかもしれない。成績と成果があまりにも重視されるようになり、自己肯定感の基本に集中し続けるのがむずかしいのもわかる。

たとえば、子どもがごく幼いときには、バランスの取れた生活や、スケジュールの詰め込みすぎを避けること、休憩時間をたっぷり取ることの重要性について語るのは簡単だ。しかし子どもが成長するにつれ、もっと叱咤激励しないと子どものためにならないのではという焦りや、学校側からの期待のせいで、判断が鈍ってしまうことがある。

結果として、たとえ愛情深く、よい心構えがあっても、多くの親が成功のランニングマシンにとらわれてしまい、外から規定された成功の定義に追いつこうと、自分と子どもと家族全員をどんどん速く走らせている。

気づきもしないうちに、多くの親は、あいまいで疑わしい想定（名門大学に入学すれば人生の成功が約束されるなど）を受け入れ、同じくらいあいまいで疑わしい信念（宿題が増えればもっと成績が上がるなど）をいだくようになっていく。

借金をしてでも家庭教師やコーチを雇う親もいる。そして、子どもが〝教養豊か〟になって〝しかるべき〟学校に入れそうな機会があるたびに、参加を申し込む。多くの場合、こういう望みは子どもが歩いたりしゃべったりし始めてすぐか、それより前に親の決心を方向づける。

その時点で家族の生活は、きちんと組まれたスケジュール、教養豊かになるための習いごと、語学プログラム、サマースクール、などなどに支配されるようになる。

ふう。へとへとにさせ、ぐったりさせ、むしろ健康に悪いランニングマシン！

そして次は？

子どもの予定表にさらに瞑想のクラスをぎちぎちに詰め込んで、ほかにもずらりと並ぶ活動から受けるストレスを和らげられるようにする？

思い当たる節があるだろうか？

だとしたら、あなただけじゃない。

どこの親も、外から測るごく狭い成功の定義へ自分と子どもを容赦なく追い立てるライフスタイルと価値観にうんざりし、疲れ切っている。

確かに、子どもを守りたいというそもそもの動機には共感できるが、悲しい現実として、その善意が実際には誤った方向へ導かれ、親はしばしば、子どもがしっかりと自分を持っ

成功のランニングマシン

有名な学校でのよい成績、スポーツでの大活躍、学芸会での主役……
そして次は「何」を手に入れる？

て世界へ出ていく準備をまったく整えていないことに戸惑ってしまう。ランニングマシンは家族をマイナス脳の方向へ押しやる。

それは**子どもが豊かな人生を送るのに必要だと研究で示されたものとはかけ離れている。**

プレ幼稚園のなかには、幼稚園でのきびしい授業に備えさせるために宿題を出しているところもある。その年齢の幼児たちは、まだ上着のファスナーを上げたり、ストリングチーズの包みをあけたりすることさえできないというのに！

成績優秀な生徒たちの心にひそむ「問題」

最近ではたくさんの専門家が、落ちこぼれの生徒だけでなく〝成績優秀な〟生徒たちのなかにも不安や憂うつが広がっていることに警鐘を鳴らしている。**多くの人の幼少期が、自分で何かを発見して成長していく自由な発達と探検の時代ではなく、親やまわりの人の期待に応えようとがんばる重圧と不安の時代になっている。**

たとえクラスの首席になっても、自己肯定感の低さを感じる。外側からの〝成功〟のものさしだけに基づいて生きれば、何が本当に意味のある大切なものなのかを考えるとき、空虚だけが残る。

今日の多くの生徒は、学校や習いごとに押しつぶされそうな気分でいる。

家族生活は大きな影響を受け、**自己肯定感が痛めつけられて、好奇心や創造力や好学心を生かしておくための内なる輝きが消されてしまう恐れがある。**こういう種類のきびしさが、幼少期の自己肯定感に満ちた生きかたをむしばむと言っても決して大げさではない。

親御さんたちと話すとき、多くの人は、子どもたちに出される宿題の量には賛成できないと言い、スケジュールについては忙しすぎて子どもたちが参っていると考えている。熱狂的な競争にあおられてここまでする必要に、疑問を覚えているのだ。

ある研究では、一定限度の量を超えると、宿題の山は子どもの睡眠時間を削る以外にほどんど効果がないことが示された。しかし、親たちはランニングマシンから降りることを恐れている。ついていけず競争できないのは自分の子どもだけではないかという恐れに駆られているからだ。

ある父親はこう言った。

「その研究のことは聞きました。息子にやらせていることを減らしてやりたいと思っています。でも、現実を見つめましょう。息子の将来は、言わば賭けごとのようなものです。危険な勝負はしたくありません」

だから、子どもにとっての最善を望み、将来の選択肢を「守りたい」という気持ちから、こういう親たちは〝成功〟の名のもとに予定を詰め込み、深夜まで働き続ける。

皮肉なことに、彼らは子どもに「肝心なもの」を与えていない。時間を取って子どもに自己肯定感を高める経験をさせるかわりに、芸術、スポーツ、学業など、ある種のスキルを〝習得〟させることがいちばんだと考えている。そうなると、遊びや想像や探検、自然探索などの時間や余地がなくなる。これまで論じてきたように、それこそが真の成功、心の安らぎと喜びにつながる肝心のものだ。

音楽教室に通うより、もっと子どもを〝教養豊か〟にすること

ティナは、何年も前、自分がそういう、かたくなな成功のランニングマシンに乗っていることに気づいた瞬間を、はっきり憶えている。

ＹＭＣＡ（キリスト教青年会）の『ママといっしょに音楽を』の教室に出かける直前、2歳の息子は居間の床で、積み重ねたいくつかのカップに夢中になっていた。教室に遅れそうなだけでなく、大好きなカップを使った遊びから息子を引き離すために戦いを始めなくてはならないことに気づいて、いら立ちが募ってきた。

しかし戦いに入る前に、ティナははっとして、〝教養豊か〟にするための教室に遅れてはならないと焦っている自分を笑った。

2歳児はすでに、プラスチックのカップですっかり豊かな気持ちになっている。ティナ

もちろん、「必ずしも欲しいものが手に入るとは限らない」ということも重要な教えの1つだ。

はバッグを置き、靴を脱いで、敷物の上に息子と並んで座った。そして、ぴったり重なり合っているその不思議な物体に好奇心と驚きを示す息子の仲間に加わった。そのおかげで、まったく必要のない戦いをしないですんだ。

もちろん、子どもの思いどおりにさせてはおけないときもある。しかしこの場合、ティナが幼い息子と戦う理由はない。居間の床でいっしょに遊んだひとときは、YMCAでほかの子どもたちと『バスのうた』を数小節歌うことで得られるなんらかの知識より、間違いなくずっと価値があった。

素直に認めれば、わたしたちはどちらも、自分の子どもたちと過ごすこういう機会をたくさん逃している。すべての親はそうだ。ときには忙しすぎて、子どもがそのとき必要なものに注意を向けたり、関心事に加わったり、注目していることを調べて発見の喜びを分かち合ったりできないこともある。

またときには、子どもを〝教養豊か〟にしようとがんばりすぎて、子どものなかで実際に何が起こっているのかに注意を向け忘れることもある。

この例では、ティナは自分で気づき、ランニングマシンから降りることができた。

そのおかげで、もしスケジュールにこだわっていたらありえなかった形で、幼い息子の持って生まれた好奇心の炎をかき立てることができた。

親の行動が裏目に出てしまう理由

子どもが子どもらしくただ遊ぶという基本を忘れ、チェロの稽古、バレーボール教室、課外学習プログラムなどばかりに幼少期の時間を費やしていると、重大な犠牲を払うことになる。

多くの場合、**子どもの好奇心と情熱が、幼少期を通じて養われるかわりに、しぼんで枯れてくる。**

親が心からよかれと思っていても、追加の習いごとや活動は、脳や心の成長にとって逆効果に終わることが多く、本当の発見や成長、目的、幸せ、自分への理解を制限してしまう。そして親の努力は、まったく予測できない形で裏目に出ることが多く、子どもは得意でなかったり楽しめなかったりする活動を嫌ってしまう。

なぜ、子どものためを思う愛情深い多くの親が、こんなことをするのだろう？

理由の1つは、外面の目標は、具体的な形で測ることができるからだ。達成感が得られ、心理学者の言う行為主体性、選択の源と生活内の行動を持てるので、力を与えられたように感じる。

内側の目標、つまり感情の制御と立ち直る力をはぐくむこと、内面の世界に気づかせること、好奇心と思いやり、創造性への情熱を育てること、自分の心を見る力とほかの人への思いやりを養うことは、すべて子どもの内面の性格で、目で見ることはむずかしく、測ることはもっとむずかしい。

それで、多くの人はわかりやすい道を選び、外から見た成功のランニングマシンに飛び乗り、外から見た目標を達成するための激しい競争に加わり、どんな内面の目標をめざせばいいのかを見失ってしまう。

学業平均値、標準テストの点数、大学合格、それ自体は、悪い目標ではない。

しかし、子どもが内なる羅針盤をはぐくむことより優先されると、そこには深くいつまでも続く、**ときには取り返しのつかない「マイナスの影響」が生じる。**

たとえば、最近のティーンエイジャーは、これまでになく大きな不安とストレスと憂うつを感じている。

よくわからない世界と向き合い、外面的な成果に注目して育ち、キレない力、立ち直る力、自分の心を見る力、共感する力を身につけるスキルを与えられないと、待ち受ける社会への挑戦に立ち向かう準備が整わないまま家から出ていくことになるからだ。

若い脳をさまざまな活動や習いごとに触れさせることには、なんの問題もない。教養豊かであることは、子どもの人生の重要な一部になる。同じように、わたしたちは、学校でよい成績を取ることを含めて、成果や習得の重要性にまったく反対していない。特に、もし子どもが特別な学業に情熱を持っているなら、その意欲を高めてやりたい。

しかし、**「何を犠牲にするか？」「わたしのため、それとも子どものため？」**という疑問については、よく考えなければならない。

スポーツ万能、成績優秀……社会的成功を手に入れても満たされない心

「自分が本当にやりたいこと」を見失ったエリート

ダンはマイナス脳の不利益をそのまま表しているようなある若者を知っている。

ここでは仮にエリックと呼ぼう。

エリックは有名な私立進学校で優秀な成績を維持し、スポーツでも大活躍して、春のミュージカルで役を演じた。それから、大学でも大きな成功を収めて卒業し、すぐに誰もがうらやむ給与の高い職に就いた。

しかし、最近ダンと話したときエリックは、「本当の自分とはなんなのかについて考えると、虚しさを感じる」

と語った。


すばらしい教育を受け、堂々たる学歴持っていながら、エリックは自己肯定感が高いと

は言えなかった。まだこれからたくさんの自己発見と成長をめざす必要があった。ここまでの道のりでたくさんの（オフィスの一角に飾ってもいいほどの）ごほうびをもらったが、これまでのところ人生になんの目的意識も見つからない。

エリックはまだ若いから、自分が何者なのかを見出し、自己肯定感をはぐくむ時間もたっぷりある。

しかし、こんなにもたくさんの才能を持つ若者が、内面の特質を磨くための疑問を、今になって口にし始めるのは、なんて残念なことだろう。

エリックの内なる羅針盤はまだ発達しておらず、その人生はバランスが取れていなかった。しかも、エリックにはこの状態を切り抜けるために必要な立ち直る力が足りなかった。たいていの人が前途有望なキャリア以上のものについて考える最初の部分で、エリックは自分がその仕事をしたいのか、あるいはどんな考えや可能性に胸が躍るのかさえまったくわからなかった。

つまり、子どものころ燃えていたなんらかの内なる輝き、感情的、知的にエリックの心を照らした何かは、今では休眠状態になって、ふたたび火をともされるのを待っていた。

悲しいことに、両親は外面的な成果だけに注目して、エリックの内面の経験には無関心だった。エリックの幼少期や思春期に、両親はプラス脳の視点から自己肯定感を高める子育てをほとんどしなかった。

エリックのなかの火は、青年期を通じて、目に見える成功を1つひとつきちんと〝達成〟していくあいだ、いくぶんかは消されてしまった。ほかの人を喜ばせる方法は知っているが、まだ自分にとって意味があることへ自分を導くスキルを持っていない。たやすく測れる外面的な価値と成果が重視され、本当の成功につながる内面的な価値がないがしろにされてきたからだ。

学業や職業での成果は、狭い意味での「成功」に過ぎない

繰り返すが、エリックが達成した〝成功〟に悪いところはまったくない。集中的な努力や、よい学習習慣、一流大学を目の敵にしているわけではない。けれど、学業と職業での成果は、あくまで成功の定義の一部であって、狭い意味での成功であることを言っておきたい。

もっと悪いのは、この種類の成功が、あなたの子どもの個性にまったく合わない場合があることだ。

競争心が強すぎる父親の典型として、運動が得意ではない息子に無理にスポーツをさせる人がいる。子どもは本当は、音楽や演劇をやってみたいと思っているのに……。

> 鍛錬、達成、成功などのとらえかたを、子どもの多様性に合わせて改良しなければならない。

明らかに違う目標と望みを持っている子どもに、学業や職業の展望を押しつけるのは問題ではないだろうか？

もしあなたの子が、よい成績を取ることに熱心なティーンエイジャーに成長しているのなら、ぜひその情熱を尊重してあげよう。そうしながら、バランスの取れた「心の健康プレート」を差し出せるように、いつも意識していてほしい。そして、自己肯定感をはぐくめるようにいつも目を配っていてほしい。

だからこそ、鍛錬、達成、成功などのとらえかたを、脳と子どもの最適な発達にとって重要なものに合わせて改良しなければならないと、わたしたちは考える。現代の研究が強調しているところによれば、自己肯定感から生まれる幸せやそれにともなう達成感のような本当の心の健康は、幅広い興味や研究に取り組むことから生まれる。

そういう多様性は、子どもの内面が成長するにつれて、脳のさまざまな部分を刺激して発達させ、脳全体の成熟を促すからだ。**人は、自己肯定感が高まっているときにこそすばらしい成長をする。**

自己肯定感についての最後の質問
――子どもの「意思」をかき立てていますか？

本書も残り数ページになったところで、少し時間を取って、家族の毎日の生活が子どもの自己肯定感をどのくらい高めているかを考えてみよう。次の質問に答えてほしい。

8つの質問でわかる「子どもの自己肯定感を伸ばす」親の特徴

1. わたしは、子どもが今の自分と将来なりたい自分を発見する手助けをしている？

2. 子どもが参加している活動は、その子自身の内なる輝きを守り、キレない力、立ち直る力、自分の心を見る力、共感する力の発達に役立っている？

3. 家族の予定表はどう？　みんなが学んだり想像したりできる余裕を与えている？　そ

れとも、あまりにも忙しすぎて、ただの子どもでいる時間がなくなっている？

4. 必要以上に、成績や成果を強調している？

5. 子どもがどんな子かより、何をするかのほうが重要だと伝えてしまっている？

6. うまくやりなさいとせき立てているせいで、子どもとの関係が悪くなっている？

7. 家族が議論していること、好きなこと、時間とエネルギーをかけていることなどの価値について、子どもとどんなコミュニケーションを取っているだろう？

8. 子どもとコミュニケーションを取るとき、わたしは子どもの個性の輝きを強める手助けをしているか、それとも弱めてしまっているか？

これらは、本書でずっと論じてきた自己肯定感についての実用的な質問だ。

何にお金をかけているか、予定表はどうなっているか、子どもたちと何をめぐっていちばん言い争っているかを自問してみると、**多くの場合、重視していると思い込んでいたこ**

と、実際に重視していることの食い違いが明らかになる。もしあなたがたいていの親と同じなら、たぶん多くの面で、あなたは子どもの内なる炎をじょうずにかき立て、しっかりした自己肯定感をはぐくみ高める挑戦をさせているだろう。しかし別の面では、家族のやりとりや毎日の生活が、子どもの輝きを支えておらず、炎を消してしまう恐れさえあると気づくかもしれない。

結局のところ、親にとってそれはかなり単純なことだ。子どもの自己肯定感を伸ばすには、次の2つの目標が柱となる。

①親の望みを押しつけずに、子どもが自分の個性を生かして成長できるようにする。

②子どもが豊かな人生を送るためのスキルと能力を養う機会を見逃さない。

この2つの目的に重点を置いて、それぞれの子どもの炎を尊重しながら、豊かな人生を送るためのスキルを教えれば、自己肯定感に満ちた人生をはぐくむ環境がつくれるだろう。

それこそが、本物の成功が生まれる場所だ。

子どもに、本当の自分を知って自分の望みと情熱に従うチャンスを与えよう。感情のバランスを整え、立ち直る力で逆境と向き合い、自分自身を理解し、ほかの人を思いやれる能力をはぐくむ手助けをしよう。これらは自己肯定感を養うことで得られる特質だ。子どものなかにこういう能力を育てる後押しができるなら、真の成功へ向かう旅に子どもを導けるだろう。

それでも、子どもは困難にぶつかることもある（なんといっても人生の話なのだから）。けれど、大小を問わず苦労に出会ったとき、自分自身と自分が信じることをはっきり意識して、立ち向かう能力を身につけられるはずだ。

わたしたちが心の底から願うのは、プラス脳に基づく子育てが、子どもとのつながりとコミュニケーションを築いていく過程を、あなたが実感してくれることだ。一生続く回復力と内面の強さをはぐくめば、それが子どもの支えになる。自己肯定感に満ちた状態へ繰り返し導かれることで、子どもは、内なる羅針盤をはぐくむだろう。それが情熱と、問題にぶつかったときの粘り強さの両方をかき立てる。

そして、深い意義とつながりは、ほかの人を助ける存在になってこそ得られると気づいたとき、その姿勢はいっそう強化される。もちろん、気づきかたは子どもによってそれぞれに違うし、人生のどの段階にいるかによっても変わる。自己肯定感に基づく方法を、子ども自身の人生だけでなく、世界の人々とのやりとりにも生かせるとしたら、なんて心強いことだろう。こういう考えかたが、**あなた自身の子育てにとっても、強さと内なる羅針盤をはぐくむ手助けとなる**ことを願っている。どうぞ、楽しい旅を！

謝辞

ダンより

ティナへ。きみとともに本を書くことは常に喜びであり、きみとスコットが、キャロライン・ウェルチとわたしとのすばらしい共同研究に携わってくれたことに感謝の意を表したい。わたしたちは4人のチームとしてさまざまなプロジェクトに取り組み、アイデアを練り、詳細を固めてきた。

今では20代になっている息子のアレックスと娘のマディーへ。わたしたちの親子関係と、きみたちの好奇心と情熱、創造力に心から感謝している。それは、自己肯定感に基づく生きかたの真髄として、わたしを照らしてくれる。

人生と仕事のパートナーであるキャロラインへ。わたしたちの関係に永遠の感謝を。プラス脳の共同研究は、わたしたちが人生を通じて成長するあいだずっと、わたしを鼓舞し、支え続けている。アイルランドでよく言うように、いっしょに大いに楽しむ《craic》のはすばらしいことだ！

本書は、〈マインドサイト研究所〉のわたしたちのチーム、ディーナ・マーブリン、ジェシカ・ドライヤー、アンドリュー・シュルマン、プリシラ・ヴェガ、ケーラ・ニューカマーの支援と尽力と創意がなければ完成しなかっただろう。それぞれが、結集した力のなかで重要な役割を担ってくれたことに感謝したい。わたしたちはともに、対人神経生物学の分野横断的なアプローチを、内面および対人関係の世界での幸せの基礎を築くマインドサイトの要素、すなわち洞察、共感、統合を高めるために、実用化する努力をしている。

母のスー・シーゲルへ。常にわたしたちみんなを深い知恵とユーモアと立ち直る力で元気づけ、ずっと昔からわたし自身の自己肯定感に基づく生きかたをはぐくみ続けてくれた。そして義母のベティー・ウェルチへ。こんなに強く気力にあふれた娘を産んでくれてありがとう。子どもたち、わたし、そして〈マインドサイト研究所〉が人生という過酷な旅を続けるうえで、常に変わらぬ理想と支えの源となってくれる人を。

ティナより

ダンへ。このすばらしい仕事をいっしょにやり遂げたことを、心から光栄に思う。あなたはわたしにとって、これからも大切な教師、同僚、そして友人だ。スコットとわたしが、あなたとキャロラインとともに過ごした時間に感謝し、有意義で楽しく実りある仕事上の関係だけでなく、あなたたちの友情も大事に思っている。

ベン、ルーク、ＪＰへ。あなたたちのたぐいまれな心、精神、ユーモアのセンス、情熱、そして輝きは、パパとわたしと世界を本当にたくさんの喜びで満たしてくれる。つらいことがあったときでも、あなたたちの自己肯定感にあふれたプラス脳には、ついつられてしまう。あなたたち3人がわたしを元気づけ、ポジティブに世界に向き合う気にさせる。あなたたちのおかげで、世界をずっとずっと深く愛せる。

スコットへ。あなたはキレない力、立ち直る力、自分の心を見る力、共感する力のお手本のような人だ。息子たちが、将来すばらしい父親になることはわかっている。あなたから、どうすればいいかを教わっているからだ。家族へのあなたの熱烈な愛と、成長し続けるわたしたちの関係に感謝したい。わたしへの、こういう本のプロジェクトへの、そして共同作業への投資をありがとう。

〈センター・フォー・コネクション〉のチームのみんなへ。たくさんの家族を助けるため、複雑な問題と格闘しながら重要な仕事をするあいだ、教え励ましてくれたことに、親愛の情をこめてお礼を言いたい。アナリス・コーデル、アシュリー・テイラー、アリー・ボウン・シュライナー、アンドリュー・フィリップス、アイラ・ドーン、クリスティーン・トリアーノ、クレア・ペン、デボラ・バックウォルター、デブラ・ホリ、エスター・チャン、フランシスコ・チャベス、ジョージー・ワイズン＝ヴィンセント、ジャネル・アムフレス、ジェニファー・シム・ラヴァーズ、ジョニー・トンプソン、ジャスティン・ウェアリング＝クレーン、カーラ・カルドーザ、メラニー・ドーセン、オリヴィア・マルティネス

＝ハウゲ、ロビン・シュルツ、タミー・ミラード、ティファニー・ホアン。そして最後に、本書のアイデアに取り組むあいだ、感覚処理とそれが神経系の調整に果たす重要な役割について教えてくれたジェイミー・チャベスに特別な感謝を捧げたい。そして、気の合う同僚たちにも感謝する。彼らはわたしの成長を助け、鋭い頭脳とユーモアと情熱で、たくさんの家族を助け、子どもたちの活動についての方針を変えさせている。モナ・デラフック、コニー・リラス、ジャニース・ターンブル、シャロン・リー、そして〈モメンタス研究所〉の女性たち――ミシェル・キンダー、ヘザー・ブライアント、サンディー・ノーブルズ、モーリーン・フェルナンデス。

両親と義父母、ガレン・バックウォルター、ジュディーとビル・ラムジー、ジェイ・ブライソンへ。あなたたちは常にわたしを愛し、支え、励ましてくれる。母のデボラ・バックウォルターは、自己肯定感に基づく人生を生きる意味を考えるうえで、いつもいちばんのお手本だ。そして父のゲーリー・ペインとの思い出を大切にしていきたい。父は今も、わたしに大きな影響を与え続けている。

ダンとティナより

著作権エージェントのダグ・エイブラムズにお礼を言いたい。彼が根気よく耳を傾け、広い心で接してくれたおかげで、自分たちのアイデアを試運転してから世に送り出すことができた。ダグ、このアイデアを分かち合うというわたしたちの使命に情熱を示し、すばらしい旅をともにするあいだこんなにも親しい友人でいてくれてありがとう！

洞察に満ちた編集者のマーニー・コクランも、構想から本文までの執筆過程でずっと支えてくれたうえに、わたしたち全員で生み出せる最高の表現形式で本書をつくり上げるために、常に快く協力してくれた。マーニー、わたしたちを励まし、仲間に加わり、この楽しい仕事のなかでいっしょに興奮を味わってくれてありがとう。心から感謝している。

制作過程で、英語教師としてのスキルを惜しみなく分かち合ってくれたスコット・ブライソンに深く感謝する。原稿の初期版を読んで支援と賢いフィードバックを与えてくれたクリスティーン・トリアーノ、リズ・オルソン、マイケル・トンプソンにもお礼を言いたい。

最後の感謝のメッセージは、著者それぞれの臨床診療と教育ワークショップに加わってくれたすべての親御さん、幼児期と思春期のお子さんたちに捧げたい。努力と導きがあれば、陥りやすいマイナス脳の状態から、プラス脳の自由へ変われることを、受け入れる力と勇気を持って理解してくれて、ありがとう。立ち直る力と豊かな人生に向かって、あなたがたといっしょにこの道を旅する栄誉に恵まれなければ、本書は決して完成しなかっただろう。

訳者あとがき

前作『子どもの脳を伸ばす「しつけ」』で、最新の脳科学に基づいた〝キレない、怒らない、お説教しない〟しつけの方法を教えて大反響を呼んだふたり、ダニエル・J・シーゲルと、ティナ・ペイン・ブライソンがふたたびタッグを組み、新しい子育ての本を世に送り出した。

今回のテーマは、子どもの「自己肯定感」を高めて、脳の発達を手助けすること。著者たちは前作で、強い感情や本能をつかさどる原始的な「1階の脳」と、複雑な思考や判断をつかさどる理性的な「2階の脳」というわかりやすいたとえを使って、子どもの脳の成長を説明してくれた。そのアイデアをさらに発展させたのが、今回のキーワード「プラス脳」と「マイナス脳」だ。

プラス脳を持てば、自己肯定感が高まり、失敗を恐れずに新しいことを試して、まわりの世界や人づき合いに心を開き、自分の内面を磨いていける。反対に、マイナス脳の状態になると、自己肯定感が低くなって、不安や恐れにとらわれ、まわりの世界を拒んで攻撃的になったり、心を閉ざしたりしがちになる。

子どもの自己肯定感を高めるために必要となる基本が、「キレない力」、「立ち直る力」、「自分の心を見る力」、「共感する力」だ。この4つの力を養う方法が、今回も豊富な事例とわかりやすいたとえ、簡潔なキーワードでていねいに説明されている。

たとえば、「キレない力」の章では、子どもの心が「グリーン・ゾーン」、「レッド・ゾーン」、「ブルー・ゾーン」のどこにあるかを見極めて対処する方法を教え、「自分の心を見る力」の章では、自分をフィールドにいる「選手」とスタンドにいる「観客」の両方としてとらえる練習を提案している。どの章にも、子育ての専門家であり、あなたと同じ悩める親である著者たちの経験に基づいたすぐにでも使えるヒントがいっぱいだ。

ダニエル・J・シーゲルは、UCLA医科大学精神科臨床教授を務めるほか、〈マインドサイト研究所〉専務取締役としてマインドサイト（自分とまわりの人の心を見つめる目）の養いかたを教えている。育児と子どもの発達について数多くの著作があり、現在も講演やワークショップで世界中を飛び回る生活を送る。妻とともにロサンゼルス在住で、すでに成人した息子と娘がいる。ちなみに息子のアレックス・シーゲルはミュージシャンとして、アモ・アモというインディーポップバンドで活動し、ソロアルバムも出している。

ティナ・ペイン・ブライソンは、心理療法士として、子育てに関するカウンセリングや児童・青年のセラピーを行い、〈マインドサイト研究所〉の育児部門責任者も務めている。シーゲル教授との共著は3冊めになる。やはりロサンゼルス近郊在住で、10代の息子が3人いる。小学生になった（本書にも何度か登場する）JPは昨年、ある本を読んでアフリカの子どもたちがきれいな水を手に入れるために何キロも歩かなければならないことを知り、学校の先生たちに相談して、南スーダンに新しい井戸を掘るための募金を呼びかけることにしたそうだ。

最終章で著者たちは、真の成功とは何かを考察している。親はみんな、子どもに自己肯定感に満ちた幸せな人生を送ってほしいと願う。

しかし、それはよい成績を取って、よい学校を卒業し、よい会社に就職することとイコールなのだろうか?

現代の子どもの日常には、宿題や塾や習いごとが詰め込まれすぎていて、創造性や好奇心を育てるシンプルな遊びの時間が不足していると、著者たちは警鐘を鳴らす。

もちろん、子どもが努力して学業で成果をあげることに、悪い点は1つもない。ただそれが、親や教師を喜ばせるだけのためであってはいけない。まわりの大人は、子どもが心から求め、情熱を注げるものを見つける手助けをしてほしい。そこにこそ、本当の自己肯定感と人生の幸せがあるはずだと、著者たちは信じている。

本書を読んでくださったあなたには、その思いがしっかり伝わっているだろう。

子育てに簡単な「正解」は見つからない。けれどこの本が、迷ったとき、悩んだときにふと立ち止まって何かに気づくきっかけになったとしたら、訳者としてとてももうれしい。

2018年8月
桐谷知未

子《こ》どもの「才脳《さいのう》」を
最大限《さいだいげん》に伸《の》ばす
「自己肯定感《じここうていかん》」を高《たか》める子育《こそだ》て

2018年9月5日　第1刷発行
2020年4月25日　第12刷発行

著者——ダニエル・J・シーゲル
　　　ティナ・ペイン・ブライソン

訳者——桐谷《きりや》　知未《ともみ》

発行者—佐藤　靖

発行所—大和《だいわ》書房
東京都文京区関口1−33−4
電話03(3203)4511

ブックデザイン—
小口翔平＋山之口正和（tobufune）

本文デザイン・イラスト—北谷彩夏

カバー写真—© Myst – Fotolia

カバー印刷—歩プロセス

本文印刷—信毎書籍印刷

製本—ナショナル製本

ISBN978-4-479-78432-6

http://www.daiwashobo.co.jp

著者

ダニエル・J・シーゲル
Daniel J. Siegel, M.D.

ＵＣＬＡ医科大学精神科臨床教授。ＵＣＬＡマインドフル・アウェアネス研究所取締役、マインドサイト研究所専務取締役も務める。ハーバード大学医学大学院卒業。『しあわせ育児の脳科学』（早川書房）、『脳をみる心、心をみる脳』（星和書店）、『子どもの脳を伸ばす「しつけ」』（大和書房）など、育児と子どもの発達に関する多数の著書があり、世界中で講演やワークショップを実施している。妻とともにロサンゼルス在住。

ティナ・ペイン・ブライソン
Tina Payne Bryson, Ph.D.

児童青年心理療法士。カリフォルニア州パサデナのザ・センター・フォー・コネクションの専務取締役として、子育てに関するカウンセリングや児童・青年のセラピーを行う。また、マインドサイト研究所の育児部門責任者も務める。南カリフォルニア大学で博士号を取得。『しあわせ育児の脳科学』『子どもの脳を伸ばす「しつけ」』でダニエル・Ｊ・シーゲルの共著者となった。ロサンゼルス近郊に、夫と３人の子どもとともに暮らしている。

訳者

桐谷知未（きりや・ともみ）

東京都出身。南イリノイ大学ジャーナリズム学科卒業。翻訳家。主な訳書に、『ビジュアルで見る 遺伝子・ＤＮＡのすべて』（原書房）、『新たなルネサンス時代をどう生きるか』『記憶が消えるとき』（国書刊行会）、『子どもの脳を伸ばす「しつけ」』（大和書房）などがある。